チンチャ！ チョアヘヨ!!

진짜!
좋아해요!!

韓国語1

金庚芬・丁仁京

朝日出版社

まえがき

本書は、『チョアヘヨ！韓国語初級』の改訂版で、大学などで初めて韓国語を学ぶ方々のために作成されています。本書を通じて、多くの方に韓国語が好きになってほしいという思いを込め、『チンチャ！（本当に）チョアヘヨ!!（好きです）韓国語1』と名付けました。シンプルで分かりやすい説明を心がけており、読む・書く・聞く・話す（やり取り、発表）の4技能を身につけることを目指しています。改訂版では、以下の点を中心に修正加筆作業を行いました。

① 単語と表現：入門・初級段階の学習項目の目安として、ハングル能力検定試験5級、および4級の一部から構成されています。また、学習者にとって身近な外来語を積極的に取り入れています。

② 文字と発音：単語の整理とともに、書き順及びハングルの発音に関する追加説明を加えました。

③ 発音の変化：発音の変化についての説明を、学習箇所に合わせて3グループに分けて配置しました。すなわち、「文法と会話編」に入る前に「連音化、濃音化、鼻音化」を、第3課の後に「ㅎの無音化･弱化、激音化」を、第5課の後には「ㄴ音の挿入、流音化、口蓋音化」について、視覚的にも分かりやすい説明と練習用の単語を用意しました。

④ 文法と会話編：各課の学習内容を見直し、整理した上で、全13課から全15課に内容を増強しました。

⑤ 文法、とりわけ用言の活用についての記述方法を改めました。語基の説明の代わりに、『標準国語大辞典』など、韓国で一般的な記述方法に従った説明にしました。

⑥ アクティブ･ラーニングができるように、Youtubeに各課の自習用動画と、単語学習用のQuizletのコンテンツも用意しました。

改めまして本書は、〈文字と発音編〉と〈文法と会話編〉の構成になっており、次のように配慮しました。

〈文字と発音編〉

・90分の授業1回で各課が終わる。
・各課に、文字と発音の練習問題（書く、読む、聞き取る、書き取る）を設けている。
・各課に、基礎的なあいさつ言葉を紹介し、練習できるようにしている。
・ハングル文字の名称、ハングルかな表記、辞書の引き方、ハングルキーボード入力を付している。

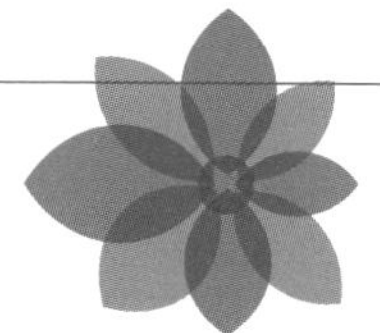
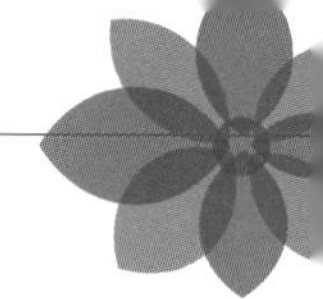

〈文法と会話編〉

・各課は、90分授業1～2回で終わるように構成されている（例：予習を前提として、1回で終わる。または、1回目は本文、単語、文法と表現をしっかりと学び、2回目はその復習の後に、応用練習でじっくり学ぶ。）
・「文法と会話」は、簡単な説明の後、基礎的な練習ができるように問題を設けている。なお、練習問題の単語の意味はあえてつけていないが、前述のYouTube自習用動画では学習の利便性から意味を付している。
・「応用練習」は、各課の文法と表現を用いた作文練習（A）、読解練習（B）、会話練習（C）の構成になっている。
・「応用練習」の「B 読解」は、本文には基本的にハムニダ体を、質問文はヘヨ体にすることで、自然とハムニダ体とヘヨ体の切替練習ができるようにしている。また、単語は、全て巻末の単語集に載せている。
・随所に、身近な単語をテーマ別にまとめて、紹介している。

楽しくコツコツと継続していけば、韓国語が話せる達成感や喜びを覚えるでしょう。

最後に、本書の出版をご快諾くださった朝日出版社、出版の計画の時から改訂版作業までたくさんのご助言とお世話いただいた山田敏之氏、小髙理子氏に深く感謝申し上げます。また、様々なご指摘・ご助言をお寄せくださった明星大学の秀村研二先生、林雄介先生、趙英恩先生、非常勤講師の皆様に心より謝意を表します。

2022年秋　金庚芬・丁仁京

『チンチャ！チョアヘヨ‼韓国語1』HP URL

https://text.asahipress.com/text-web/korean/tyoaheyosyokyu-kaitei/index.html

目　　次

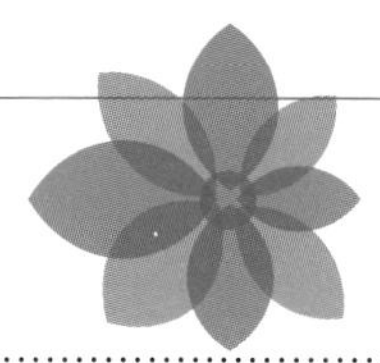
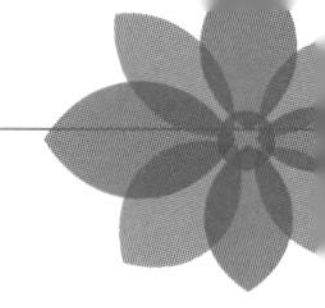

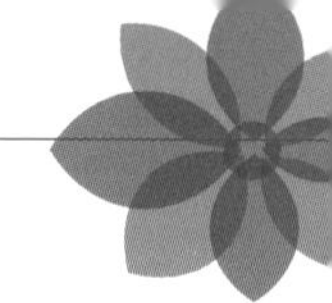

装丁－メディアアート
イラスト－金丸アヤコ・丁慧旻・メディアアート
本文デザイン－メディアアート

韓国語について

1 言語の名称と文字の名称

言語の名称：韓国語、朝鮮語、コリア語など
文字の名称：ハングル

2 文字の成立

韓国語の文字であるハングルは、1443年に朝鮮王朝第4代目の王である世宗（セジョン）の命により創られ、1446年に『訓民正音』という書物の中で公布された。その当時は、「訓民正音」あるいは「正音」と呼ばれていた。「ハングル」という名称は、近代の先駆的な朝鮮語学者であった周時経（チュ・シギョン）が名づけたものと言われる。ハングルは、「偉大なる文字」という意味で、文字自体を指し、言語を指す用語ではない。

3 言語の特徴

韓国語は、語順、その他の文法的性格、敬語、一部の語彙など、日本語とよく似た特徴を示すため、日本語母語話者にとって学習しやすい言語と言える。

①韓国語の単語

固有語、漢字語、外来語、混種語の4つに分類できる。特に、漢字語は日本語の漢字語と漢字が共通するものが多く、日本語母語話者にとっては助けになる。ただし、漢字語であっても書くときはほとんどハングルで表記される。また、韓国語の漢字語は正字体を使う。

例）韓國語（韓国語）、大學（大学）

②文法のしくみ

韓国語は文法のしくみにおいて日本語と非常に似ている。

저는	학교에서	공부를	합니다.
チョヌン	ハッキョエソ	コンブルル	ハムニダ
私は	学校で	勉強を	します。

日本語と語順がほぼ同じで、助詞を用いる点も似ている。また、日本語のように、丁寧語・尊敬語・謙譲語があり、相手の身分や年齢などによって使い分けられている。

文字と発音編

発音1

母音：単母音

1.1 ハングルの仕組み

ハングルは、ローマ字と同じく子音を表す子音字と母音を表す母音字があり、子音字は19個、母音字は21個ある。

①「子音字＋母音字」

ㅎ + ㅏ = 하	ㄱ + ㅜ = 구
子音h　母音a　ha	子音k　母音u　ku

②「子音字＋母音字＋子音字」

ㅎ + ㅏ + ㄴ = 한	ㄱ + ㅜ + ㄱ = 국
子音h　母音a　子音n　han	子音k　母音u　子音k　kuk

ハングルは「子音字＋母音字（＋子音字)」の組み合わせで文字を構成するが、子音字と母音字を左右に組み合わせるか、上下に組み合わせるかは母音字の種類による。なお、最初の子音を「初声」、次の母音を「中声」、最後につけ足す子音を「終声」と言う。終声の位置にくる子音字を「받침（パッチム)」と言う。

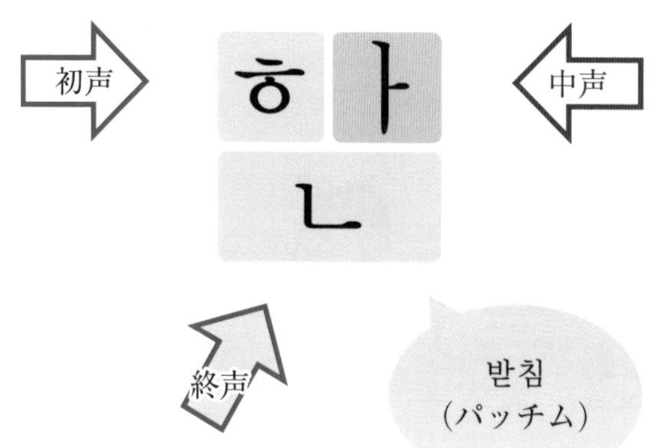

1.2 単母音

単母音は8つある。日本語の単母音5つと比べてみましょう。

日本語	母音字	発音表記	発音の仕方
あ	ㅏ	[a]	「あ」とほぼ同じ
い	ㅣ	[i]	「い」とほぼ同じ
う	ㅡ	[ɯ]	口を横に引いて「う」
	ㅜ	[u]	唇を突き出して「う」
え	ㅐ	[ɛ]	口を開いて「え」
	ㅔ	[e]	「え」とほぼ同じ
お	ㅗ	[o]	唇を突き出して「お」
	ㅓ	[ɔ]	口を大きく開いて「お」

「애」と「에」は現在、発音の区別はほとんどない。
母音だけの音を文字として書くときは、初声字を書く位置に、子音がないことを表す「ㅇ」を書く。また、文字の書き順は、すべて左→右、上→下の順である。

2-1 単母音を表す文字を書いて発音してみましょう。 2

아	이	으	우	애	에	오	어

2-2 次の単語を発音しながら、書いてみましょう。 3

1. 이 (二)
2. 오 (五)

3. 아이 (子供)

4. 애 (子供)

5. 오이 (きゅうり)

6. 우애 (友愛)

7. 우아 (優雅)

8. 에이 (A)

2-3 よく聞いて正しい発音を選んでみましょう。 4

1. a. 어　b. 에　2. a. 아이　b. 어이

3. a. 오애　b. 우애　4. a. 오이　b. 으이

2-4 よく聞いて____に文字を書き入れましょう。 5

1. ______이　2. ______애

3. ________　4. ________

会ったときのあいさつ 6

안녕하세요? (アンニョンハセヨ)

안녕? (アンニョン)

時間帯に関係なく、人と会ったときに使う。家庭内では使わない。「お元気でいらっしゃいますか、おはようございます、こんにちは、こんばんは」の意味。なお、友達同士では“안녕?”を用いる。

発音2 子音（初声）：鼻音、流音

初声は音節の最初に現れる子音で、発音の仕方により、鼻音、流音、平音、激音、濃音に分けることができる。

2.1 鼻音、流音

鼻音は肺から出る空気が鼻に抜ける音で、流音は舌先を軽く歯茎をはじく音である。

子音	子音字	発音	
鼻音	ㅁ	[m]	マ行の子音とほぼ同じ
	ㄴ	[n]	ナ行の子音とほぼ同じ
流音	ㄹ	[r]	ラ行の子音とほぼ同じ

1-1 次の表を完成させ、発音してみましょう。

7

①ㅁ②③	마	미	므	무	매	메	모	머
ㄴ①	나	니	느	누	내	네	노	너
②ㄹ①③	라	리	르	루	래	레	로	러

1-2 次の単語を発音しながら、書いてみましょう。 8

1. 나（私）			
2. 네（はい）			
3. 너무（あまりに）			
4. 나라（国）			
5. 어머니（お母さん）			
6. 노래（歌）			
7. 아마（たぶん）			
8. 머리（頭）			
9. 애매（曖昧）			
10. 메모（メモ）			

1-3 左の発音と同じ発音のハングルを線で結んでみましょう。

1. メモ	・	・	a. 애매
2. ナラ	・	・	b. 노래
3. アマ	・	・	c. 나라
4. ノム	・	・	d. 너무
5. エメ	・	・	e. 아마
6. ノレ	・	・	f. 메모

1-4 よく聞いて正しい発音を選んでみましょう。 9

1. a. 나　b. 너　2. a. 마리　b. 머리

3. a. 아래　b. 아내　4. a. 어머나　b. 어머니

1-5 よく聞いて＿＿に文字を書き入れましょう。 10

1. 나 ＿＿＿＿　　2. ＿＿＿＿ 리

3. ＿＿＿＿＿　　4. ＿＿＿＿＿

発音 2

別れのあいさつ 11 12

去って行く人に対して「さようなら」

안녕히 가세요. （アンニョンヒ　ガセヨ）

「お元気でお行きください」の意味。

안녕. （アンニョン）

バイバイ

留まる人に対して「さようなら」

안녕히 계세요. （アンニョンヒ　ゲセヨ）

「お元気でいらしてください」の意味。

안녕. （アンニョン）

バイバイ

発音3 子音（初声）：平音

3.1 平音

平音は強い息を伴わない音で､「ㅂ, ㄷ, ㅈ, ㄱ, ㅅ」の5つがある。その中で「ㅂ, ㄷ, ㅈ, ㄱ」は単語の始めでは濁らない音（無声音）だが、単語の中では濁る音（有声音）になる。なお､「ㅅ」は単語の中でも濁らない。

子音字	発音			
	単語の始め：濁らない		単語の中：濁る	
ㅂ	[p]	パ行の子音とほぼ同じ	[b]	バ行の子音とほぼ同じ
ㄷ	[t]	タ、テ、トの子音とほぼ同じ	[d]	ダ、デ、ドの子音とほぼ同じ
ㅈ	[tʃ]	チャ行の子音とほぼ同じ	[dʒ]	ジャ行の子音とほぼ同じ
ㄱ	[k]	カ行の子音とほぼ同じ	[g]	ガ行の子音とほぼ同じ
ㅅ	[s], [ʃ]	サ行の子音とほぼ同じ。[i] [j]の前でも、日本語のシの子音と同じ[ʃ]		

1-1 次の表を完成させ、発音してみましょう。 13

ㅂ ①②③④	바	비	브	부	배	베	보	버
ㄷ ①②	다	디	드	두	대	데	도	더

ㅈ ①②	자	지	즈	주	재	제	조	저
ㄱ ①	가	기	그	구	개	게	고	거
ㅅ ①②	사	시	스	수	새	세	소	서

1-2 次の単語を発音しながら、書いてみましょう。 14

1. 바다 (海)
2. 모자 (帽子)
3. 어제 (昨日)
4. 고기 (肉)
5. 소개 (紹介)
6. 가수 (歌手)
7. 아버지 (お父さん)
8. 두부 (豆腐)

9. 드레스（ドレス）

10. 라디오（ラジオ）

1-3 左の発音と同じ発音のハングルを線で結んでみましょう。

1. パダ ・ ・ a. 어제
2. モジャ ・ ・ b. 가수
3. オジェ ・ ・ c. 바다
4. コギ ・ ・ d. 두부
5. トゥブ ・ ・ e. 모자
6. カス ・ ・ f. 고기

1-4 よく聞いて正しい発音を選んでみましょう。 15

1. a. 드레스 b. 도레스
2. a. 수개 b. 소개
3. a. 라지오 b. 라디오
4. a. 아버지 b. 아바지

1-5 よく聞いて____に文字を書き入れましょう。 16

1. 어______
2. ______다
3. ________
4. ________

感謝のあいさつ 17

감사합니다.（カムサハムニダ）
ありがとうございます。

고마워.（コマウォ）
ありがとう。

発音4 母音：半母音、二重母音

4.1 半母音[j]+単母音

日本語の「や、ゆ、よ」のように単母音の前に[j]がついた母音がある。

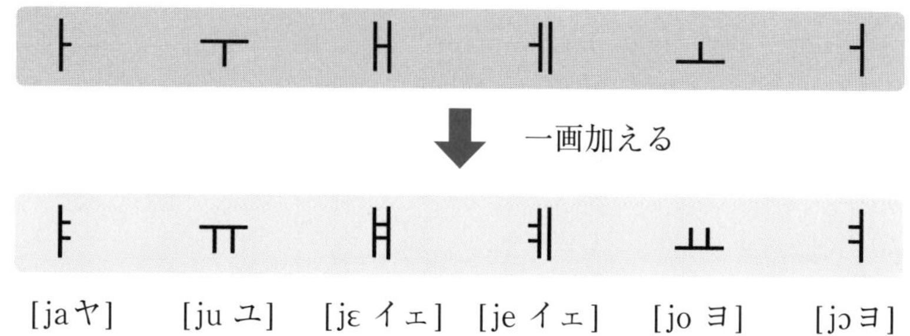

[jaヤ]　[ju ユ]　[jɛ イェ]　[je イェ]　[jo ヨ]　[jɔヨ]

1-1 次の表を完成させ、発音してみましょう。 18

야	유	얘	예	요	여

「예」は、語中や子音を伴う場合は［에］で発音される。例）계기［게기］（きっかけ）

1-2 次の単語を発音しながら、書いてみましょう。 19

1. 예（はい）
2. 아니요（いいえ）
3. 우유（牛乳）
4. 무료（無料）
5. 요리（料理）
6. 여자（女性）
7. 얘기（話）
8. 시계（時計）

4.2 半母音[w]+単母音

日本語の「ワ」のように単母音の前に[w]がついた母音がある。

ㅗ	+	ㅏ	=	ㅘ	[wa ワ]
		ㅐ		ㅙ	[wɛ ウェ]
		ㅣ		ㅚ	[we ウェ]

ㅜ	+	ㅓ	=	ㅝ	[wɔ ウォ]
		ㅔ		ㅞ	[we ウェ]
		ㅣ		ㅟ	[wi ウィ]

2-1 次の表を完成させ、発音してみましょう。

20

와	왜	외	워	웨	위

2-2 次の単語を発音しながら、書いてみましょう。

21

1. 가위 (ハサミ)
2. 돼지 (豚)
3. 사과 (りんご)
4. 뭐 (何)
5. 귀 (耳)
6. 왜요? (なぜですか)
7. 야외 (野外)
8. 웨이브 (ウェーブ)

概ね、「왜」は固有語に、「외」は漢字語に、「웨」は外来語に用いられる。

4.3 二重母音

「ㅡ」と「ㅣ」が組み合わさった二重母音「ㅢ」[ɯi]がある。口を横に引いたまま「ㅡ」と「ㅣ」をすばやく発音する。

ㅡ	+	ㅣ	=	ㅢ	[ɯi ウイ]

「의」は、語中や子音を伴う場合は[이]と発音される。
例：사의[사이](辞意)、무늬[무니](模様)

発音 4

3-1 次の表を完成させ、発音してみましょう。 22

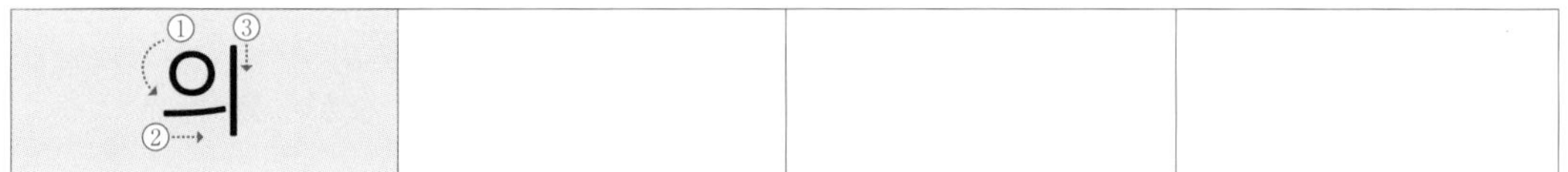

3-2 次の単語を発音しながら、書いてみましょう。 23

1. 의자（椅子）
2. 의미（意味）
3. 예의（礼儀）
4. 주의（注意）

3-3 よく聞いて正しい発音を選んでみましょう。 24

1. a. 요리　b. 유리　　2. a. 주외　b. 주의

3. a. 가왜　b. 가위　　4. a. 사과　b. 사귀

3-4 よく聞いて＿＿に文字を書き入れましょう。 25

1. 우＿＿＿＿　　2. ＿＿＿＿자

3. ＿＿＿＿＿　　4. ＿＿＿＿＿

謝罪のあいさつ 26

죄송합니다. （チェソンハムニダ）
申し訳ありません。

미안해. （ミアネ）
ごめん。

発音5

子音（初声）：激音、濃音

5.1 激音

激音は強い息を伴う音で、単語の始めと単語の中で発音は変わらず、常に濁ることはない。

子音字	発音	
ㅍ	[pʰ]	パ行の子音とほぼ同じだが、息を強く出しながら発音
ㅌ	[tʰ]	タ、テ、トの子音とほぼ同じだが、息を強く出しながら発音
ㅊ	[tʃʰ]	チャ行の子音とほぼ同じだが、息を強く出しながら発音
ㅋ	[kʰ]	カ行の子音とほぼ同じだが、息を強く出しながら発音
ㅎ	[h]	ハ行の子音とほぼ同じ

1-1 次の表を完成させ、発音してみましょう。

27

ㅍ ①②③④	파	피	프	푸	패	페	포	퍼
ㅌ ①②③	타	티	트	투	태	테	토	터

ㅊ	차	치	츠	추	채	체	초	처
ㅋ	카	키	크	쿠	캐	케	코	커
ㅎ	하	히	흐	후	해	헤	호	허

1-2 次の単語を発音しながら、書いてみましょう。 28

1. 코（鼻）
2. 하나（一つ）
3. 고추（唐辛子）
4. 태도（態度）
5. 야채（野菜）
6. 지혜（知恵）
7. 최고（最高）
8. 커피（コーヒー）
9. 유튜브（YouTube）
10. 와이파이（Wi-Fi）

5.2 濃音

濃音はほとんど息を伴わず、喉を緊張させて出す音である。単語の始めと単語の中で発音は変わらず、常に濁ることはない。

子音字	発音	
ㅃ	[ˀp]	パ行の子音の前に「っ」をつけて出すような音
ㄸ	[ˀt]	タ、テ、トの子音の前に「っ」をつけて出すような音
ㅉ	[ˀtʃ]	チャ行の子音の前に「っ」をつけて出すような音
ㄲ	[ˀk]	カ行の子音の前に「っ」をつけて出すような音
ㅆ	[ˀs, ˀʃ]	サ行の子音の前に「っ」をつけて出すような音

2-1 次の表を完成させ、発音してみましょう。 29

ㅃ	빠	삐	쁘	뿌	빼	뻬	뽀	뻐
ㄸ	따	띠	뜨	뚜	때	떼	또	떠

ㅉ	짜	찌	쪼	쭈	째	쩨	쪼	쩌
ㄲ	까	끼	끄	꾸	깨	께	꼬	꺼
ㅆ	싸	씨	쓰	쑤	쌔	쎄	쏘	써

2-2 次の単語を発音しながら、書いてみましょう。 30

1. 또（また）
2. 오빠（［妹からみて］兄）
3. 찌개（鍋物）
4. 토끼（うさぎ）
5. 아저씨（おじさん）
6. 따로（別々に）
7. 자꾸（しきりに）
8. 예뻐요（かわいいです）
9. 쓰레기（ごみ）
10. 가짜（偽物）

2-3 左の発音と同じ発音のハングルを線で結んでみましょう。

1．トッキ	・	・	a. 오빠
2．アヂョシ	・	・	b. 따로
3．ヤチェ	・	・	c. 지혜
4．ッタロ	・	・	d. 토끼
5．チヘ	・	・	e. 아저씨
6．オッパ	・	・	f. 야채

2-4 よく聞いて正しい発音を選んでみましょう。 31

1．a. 유듀프　b. 유튜브　　2．a. 커피　b. 커비

3．a. 가자　b. 가짜　　4．a. 자꾸　b. 짜구

2-5 よく聞いて＿＿に文字を書き入れましょう。 32

1．고＿＿＿＿　　2．＿＿＿＿개

3．＿＿＿＿＿　　4．＿＿＿＿＿

食事のあいさつ 33

잘 먹겠습니다. (チャㇽ　モッケッスㇺニダ)
いただきます。

잘 먹었습니다. (チャㇽ　モゴッスㇺニダ)
ごちそうさまでした。

応答の表現 34

예. / 네. (はい。)　**응. / 어.** (うん。)

아니요. / 아뇨. (〈応答〉いいえ。)

아니에요. (〈謙遜、遠慮〉いいえ。)

천만에요. [천마네요] (どういたしまして。)

괜찮아요. [괜차나요] (大丈夫です。結構です。)

発音6　子音（終声）

終声は、音節の最後に現れる子音で、発音の仕方により「ㅁ, ㄴ, ㅇ, ㄹ, ㅂ, ㄷ, ㄱ」の7つの音に分類される。なお、終声を表す字をパッチムと言う。

終声字：パッチム

6.1　終声：鼻音、流音

パッチム	発音		「ん」の発音
ㅁ	[m]	唇を閉じて息を鼻に抜く音	あんま [amma]
ㄴ	[n]	舌先を上の歯の裏、歯茎につけて、息を鼻に抜く音	あんな [anna]
ㅇ	[ŋ]	舌の奥を口の天井の奥につけて、息を鼻に抜く音	あんか [aŋka]
ㄹ	[l]	舌先を口の天井の歯茎より奥につけて止める音	「ラ」を発音して、離れている舌を元の位置に戻すつもりで発音

1-1　次の表を完成させ、発音してみましょう。

35

パッチム								
ㅁ	암	임	음	움	앰	엠	옴	엄
ㄴ	안	인	은	운	앤	엔	온	언

ㅇ	앙	잉	응	웅	앵	엥	옹	엉
ㄹ	알	일	을	울	앨	엘	올	얼

1-2 次の単語を発音しながら、書いてみましょう。 36

1. 사람（人）
2. 진짜（本物、本当に）
3. 친구（友達）
4. 사랑（愛）
5. 전공（専攻）
6. 한글（ハングル）
7. 일본（日本）
8. 선생님（先生）
9. 방탄소년단（BTS）
10. 스마트폰（スマートフォン）

6.2 終声：口音

パッチム	発音		「っ」の発音
ㅂ	[ᵖ]	唇を閉じて止める音	あっぱ [appa]
ㄷ	[ᵗ]	舌先を上の歯の裏、歯茎につけて止める音	あった [atta]
ㄱ	[ᵏ]	舌の奥を口の天井の奥につけて、止める音	あっか [akka]

2-1 次の表を完成させ、発音してみましょう。

37

パッチム	압	입	읍	웁	앱	엡	옵	업
ㅂ								
ㄷ	앋	읻	읃	욷	앧	엗	옫	얻
ㄱ	악	익	윽	욱	액	엑	옥	억

2-2 次の単語を発音しながら、書いてみましょう。 38

1. 수업（授業）
2. 곧（すぐ）
3. 한국（韓国）
4. 밥（ご飯）
5. 아직（まだ）

2-3 左の発音と同じ発音のハングルを線で結んでみましょう。

1. サラム ・		・ a. 일본
2. チンチャ ・		・ b. 전공
3. スオプ ・		・ c. 사람
4. イルボン ・		・ d. 진짜
5. アヂク ・		・ e. 수업
6. チョンゴン ・		・ f. 아직

2-4 よく聞いて正しい発音を選んでみましょう。 39

1. a. 반　b. 박　　2. a. 심　b. 십
3. a. 문　b. 물　　4. a. 곧　b. 곰

2-5 よく聞いて____に文字を書き入れましょう。 40

1. 사______　　2. ______글
3. ______　　4. ______

6.3 終声規則

パッチムには、初声の子音字19個のうち、「ㅃ, ㄸ, ㅉ」を除く16個の子音がくることができる。しかし、終声の発音は、「ㅁ, ㄴ, ㅇ, ㄹ, ㅂ, ㄷ, ㄱ」の7つだけで、それ以外の文字であっても、下の表のように、実際発音される音は、7つの終声のいずれかで発音される。それを「終声規則」という。

	発音	終声字		発音	終声字
鼻音	[m]	ㅁ	口音	$[^{p}]$	ㅂ ㅍ
	[n]	ㄴ		$[^{t}]$	ㄷ ㅌ ㅅ ㅆ ㅈ ㅊ ㅎ
	[ŋ]	ㅇ		$[^{k}]$	ㄱ ㅋ ㄲ
流音	[l]	ㄹ			

3-1 次の単語を発音しながら、書いてみましょう。 41

1. 옷（服）
2. 앞（前）
3. 꽃（花）
4. 밖（外）
5. 인터넷（インターネット）

そのほかに、異なる2つの子音字からなる終声字も、「ㅁ, ㄴ, ㅇ, ㄹ, ㅂ, ㄷ, ㄱ」の7つの終声のいずれかで発音される。次のように、どちらか一方だけを発音する。

ㄳ, ㄵ, ㄶ, ㄼ, ㄽ, ㅀ, ㄾ, ㅄ	左の子音字母を読む
ㄺ, ㄻ, ㄿ, ㄼ*	右の子音字母を読む

*밟다（踏む）のみ

여덟［여덜］（8つ）　　값［갑］（値段）
닭［닥］（鶏）　　삶［삼］（人生）

参考1 子音字の名称

ハングル子音字の名称を読んでみましょう！ 42

子音字	ㄱ	ㄴ	ㄷ	ㄹ	ㅁ	ㅂ	ㅅ
名称	기역	니은	디귿	리을	미음	비읍	시옷
子音字	ㅇ	ㅈ	ㅊ	ㅋ	ㅌ	ㅍ	ㅎ
名称	이응	지읒	치읓	키읔	티읕	피읖	히읗

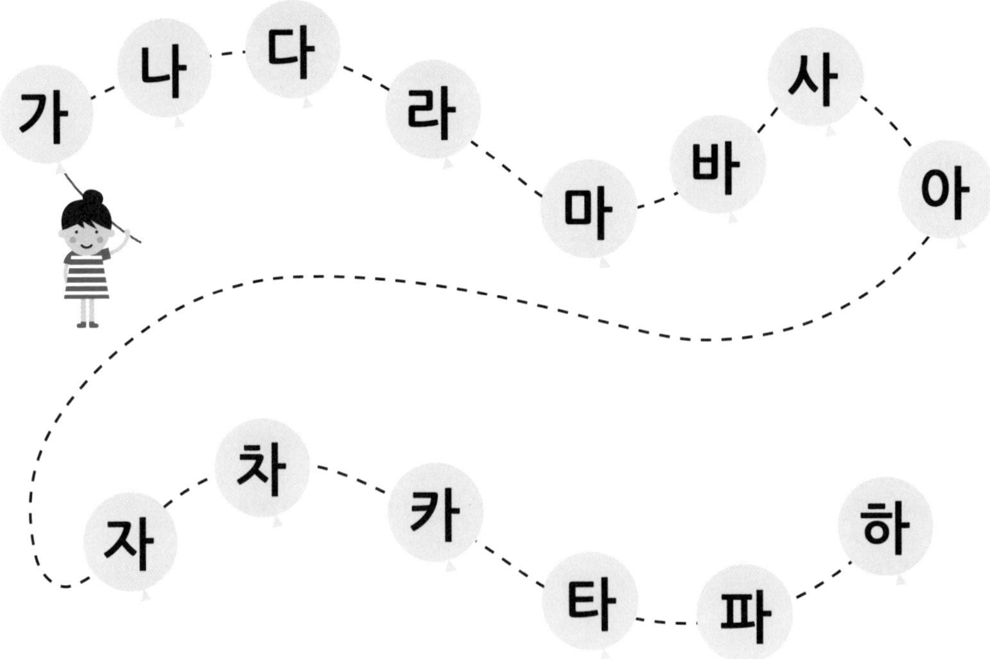

参考2　辞書の引き方

ハングルの子音字と母音字は、次のような順番で配列され、辞書の引き順は、「初声（子音字）」→「中声（母音字）」→「終声（子音字）」の順になっている。

子音字の配列	ㄱ ㄲ ㄴ ㄷ ㄸ ㄹ ㅁ ㅂ ㅃ ㅅ ㅆ ㅇ ㅈ ㅉ ㅊ ㅋ ㅌ ㅍ ㅎ
母音字の配列	ㅏ ㅐ ㅑ ㅒ ㅓ ㅔ ㅕ ㅖ ㅗ ㅘ ㅙ ㅚ ㅛ ㅜ ㅝ ㅞ ㅟ ㅠ ㅡ ㅢ ㅣ

2-1　**上の配列を参考に、次の単語を辞書に掲載される順に書いてみましょう。**

바다	빵	마시다	방	만들다	만나다
（海）	（パン）	（飲む）	（部屋）	（作る）	（会う）

　　→　　→　　→　　→　　→　　

2-2　**次の単語の意味を、巻末の単語集から調べてみましょう。**

1. 사과　　　　　2. 포도

3. 수박　　　　　4. 귤

5. 딸기　　　　　6. 복숭아

ハングルキーボード入力

ハングルは「子音字＋母音字（＋子音字）」の順で入力する。子音字は左手で入力し、母音字は右手で入力する。濃音などは、シフトキーと同時に打つと入力できる。

~ ` | ! 1 | @ 2 | # 3 | $ 4 | % 5 | ^ 6 | & 7 | * 8 | (9 |) 0 | — - | + = | : ₩ | ←
Tab | Q ㅃ ㅂ | W ㅉ ㅈ | E ㄸ ㄷ | R ㄲ ㄱ | T ㅆ ㅅ | Y ㅛ | U ㅕ | I ㅑ | O ㅒ ㅐ | P ㅖ ㅔ | { [| }]
Caps Lock | A ㅁ | S ㄴ | D ㅇ | F ㄹ | G ㅎ | H ㅗ | J ㅓ | K ㅏ | L ㅣ | : ; | " ' | Enter
⇧Shift | Z ㅋ | X ㅌ | C ㅊ | V ㅍ | B ㅠ | N ㅜ | M ㅡ | 〈 , | 〉 . | ? / | ⇧Shift
Ctrl | Alt | 한자 | 한/영 | Ctrl | Ctrl

参考3　日本語のハングル表記

日本語のハングル表記は、韓国では「外来語表記法」で定められている。

<table>
<tr><th rowspan="2">仮名</th><th colspan="2">ハングル</th></tr>
<tr><th>語頭</th><th>語中・語末</th></tr>
<tr><td>ア　イ　ウ　エ　オ</td><td colspan="2">아　이　우　에　오</td></tr>
<tr><td>カ　キ　ク　ケ　コ</td><td>가　기　구　게　고</td><td>카　키　쿠　케　코</td></tr>
<tr><td>サ　シ　ス　セ　ソ</td><td colspan="2">사　시　스　세　소</td></tr>
<tr><td>タ　チ　ツ　テ　ト</td><td>다　지　쓰　데　도</td><td>타　치　쓰　테　토</td></tr>
<tr><td>ナ　ニ　ヌ　ネ　ノ</td><td colspan="2">나　니　누　네　노</td></tr>
<tr><td>ハ　ヒ　フ　ヘ　ホ</td><td colspan="2">하　히　후　헤　호</td></tr>
<tr><td>マ　ミ　ム　メ　モ</td><td colspan="2">마　미　무　메　모</td></tr>
<tr><td>ヤ　　ユ　　ヨ</td><td colspan="2">야　　유　　요</td></tr>
<tr><td>ラ　リ　ル　レ　ロ</td><td colspan="2">라　리　루　레　로</td></tr>
<tr><td>ワ　　　　ヲ</td><td colspan="2">와　　　　오</td></tr>
<tr><td>ン　　ッ</td><td colspan="2">（パッチム）ㄴ　（パッチム）ㅅ</td></tr>
<tr><td>ガ　ギ　グ　ゲ　ゴ</td><td colspan="2">가　기　구　게　고</td></tr>
<tr><td>ザ　ジ　ズ　ゼ　ゾ</td><td colspan="2">자　지　즈　제　조</td></tr>
<tr><td>ダ　ヂ　ヅ　デ　ド</td><td colspan="2">다　지　즈　데　도</td></tr>
<tr><td>バ　ビ　ブ　ベ　ボ</td><td colspan="2">바　비　부　베　보</td></tr>
<tr><td>パ　ピ　プ　ペ　ポ</td><td colspan="2">파　피　푸　페　포</td></tr>
<tr><td>キャ　キュ　キョ</td><td>갸　규　교</td><td>캬　큐　쿄</td></tr>
<tr><td>ギャ　ギュ　ギョ</td><td colspan="2">갸　규　교</td></tr>
<tr><td>シャ　シュ　ショ</td><td colspan="2">샤　슈　쇼</td></tr>
<tr><td>ジャ　ジュ　ジョ</td><td colspan="2">자　주　조</td></tr>
<tr><td>チャ　チュ　チョ</td><td>자　주　조</td><td>차　추　초</td></tr>
<tr><td>ニャ　ニュ　ニョ</td><td colspan="2">냐　뉴　뇨</td></tr>
<tr><td>ヒャ　ヒュ　ヒョ</td><td colspan="2">햐　휴　효</td></tr>
<tr><td>ビャ　ビュ　ビョ</td><td colspan="2">뱌　뷰　뵤</td></tr>
<tr><td>ピャ　ピュ　ピョ</td><td colspan="2">퍄　퓨　표</td></tr>
<tr><td>ミャ　ミュ　ミョ</td><td colspan="2">먀　뮤　묘</td></tr>
<tr><td>リャ　リュ　リョ</td><td colspan="2">랴　류　료</td></tr>
</table>

主な原則は次のとおりである。

- ✔ 母音「あ、い、う、え、お」は、「ㅏ, ㅣ, ㅜ, ㅔ, ㅗ」で書く。(井上 이노우에)
- ✔ 清音は、語頭では平音、語中では激音で書く。(千葉 지바、愛知 아이치)
- ✔ 濁音は、語頭・語中にかかわらず、平音で書く。(岐阜 기후、栃木 도치기)
- ✔ 「ツ、ス、ズ」は、それぞれ「쓰 (츠), 스, 즈」で書く。(松山 마쓰야마 (마츠야마)、鈴木 스즈키)
- ✔ 「や、ゆ、よ」は「ㅑ, ㅠ, ㅛ」で書く。
- ✔ 促音「ッ」はパッチム「ㅅ」、撥音「ン」はパッチム「ㄴ」で書く。(北海道 홋카이도、群馬 군마)
- ✔ 長音は表記しない。(京都 교토)

参考 3

3-1　日本の地名をハングルで書いてみましょう。

1. 青森
2. 秋田
3. 神奈川
4. 新潟
5. 大阪
6. 東京
7. 静岡
8. 島根
9. 鳥取
10. 仙台

3-2　自分の名前と学校の名前、好きなことばや人の名前をハングルで書いてみましょう。

1. 自分の名前　→
2. ○○大学 (대학교)　→
3. 好きなことばや人の名前　→

発音の変化 1

1 連音化

43

終声は、後ろの文字の初声が母音の場合、その母音とくっついて発音される。また、終声字が2つある場合は、左の子音字が終声になり、右の子音字が次の母音にくっついて発音される。

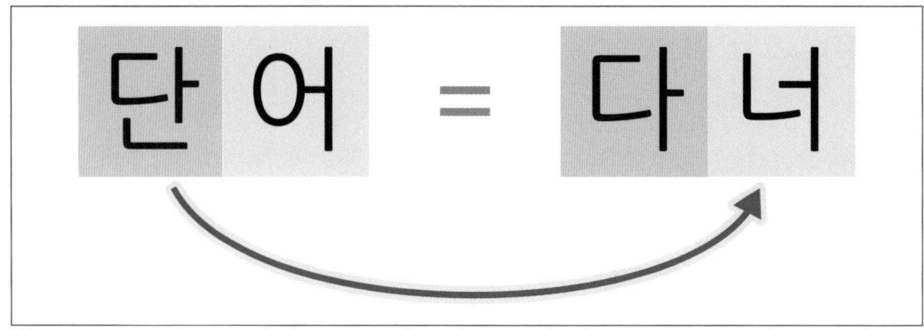

1-1 読んでみましょう。

1. 한국어（韓国語）　2. 일본어（日本語）　3. 음악（音楽）

4. 발음（発音）　5. 한일（韓日）　6. 읽어요（読みます）

［한구거, 일보너, 으막, 바름, 하닐, 일거요］

2 濃音化

平音の「ㅂ, ㄷ, ㅈ, ㄱ, ㅅ」は、終声の「ㅂ, ㄷ, ㄱ」の後では濁らず、濃音で発音される。

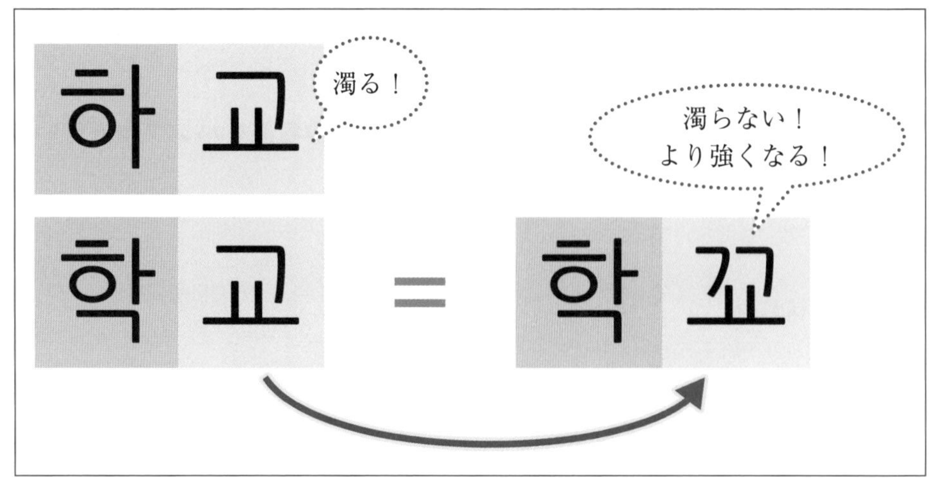

2-1 読んでみましょう。

1. 잡지（雑誌）　2. 합격（合格）　3. 숟가락（スプーン）

4. 젓가락（箸）　5. 식당（食堂）　6. 학생（学生）

［잡찌，합껵，숟까락，전까락，식땅，학쌩］

3 鼻音化

終声の「ㅂ，ㄷ，ㄱ」は、後ろに鼻音「ㅁ，ㄴ」が来ると、それぞれ鼻音「ㅁ，ㄴ，ㅇ」に変わって発音される。

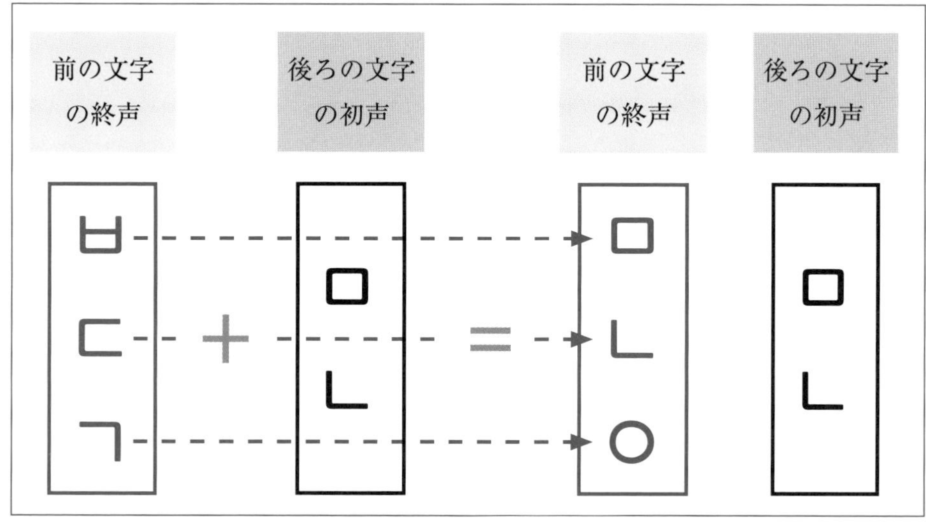

3-1 読んでみましょう。

1. 입니다（～です）　2. 입니까（～ですか）　3. 거짓말（嘘）

4. 끝나다（終わる）　5. 국내（国内）　6. 학문（学問）

［임니다，임니까，거진말，끈나다，궁내，항문］

鼻音化は日本語にもある！

・真二つ：　まっぷたつ

・真最中：　まっさいちゅう

・真丸：　まっまる→まんまる　（鼻音化！）

・真中：　まっなか→まんなか

文法と会話編

主な登場人物の紹介

스즈키 겐타
(鈴木ケンタ)

日本人の大学生。
韓国語を外国語として学んでいる。
素直で優しい。

김 수진
(キム・スジン)

韓国人留学生。
日本の文化に興味があり、日本の大学で勉強している。
気さくで明るい。

まずは、ここをチェック！

1 分かち書きと文末の記号

韓国語の文は、語と語を離して書く。
これを「分かち書き」という。
意味を持つ単語ごとに区切って書くが、
助詞や語尾類は分かち書きしない。
また、文末には「.」「?」「!」を使い、
文中には「,」を使う。

2 韓国語の丁寧体

日本語の「です・ます体」に相当する丁寧な表現として、합니다体と해요体がある。
합니다体は、かしこまった文体で、
主に、公的な場面やニュースなどで多用される。
一方、해요体は元々ソウルことばであり、日常生活で多く使われ、
柔らかく親しみのある文体である。
本書では、합니다体は第4課で、해요体は第8課で学習する。

저는 스즈키 겐타입니다.

▼解説動画

46

겐타 : 안녕하십니까?

수진 : 네, 안녕하세요?

저는 김수진입니다.

겐타 : 저는 스즈키 겐타입니다.

만나서 반갑습니다.

수진 : 일본 사람입니까?

겐타 : 네, 일본 사람입니다.

47

안녕하십니까? [안녕하심니까]	こんにちは（합니다体）
네	はい、ええ
안녕하세요?	こんにちは（해요体）
저	私
－는 / 은	～は
－입니다 [임니다]	～です
만나서 반갑습니다 [반갑씁니다]	お会いできて嬉しいです
일본 사람 [일본싸람]	日本人
－입니까?[임니까]	～ですか

文法

1 -는/은　~は

母音で終わる体言 パッチム無	-는	子音で終わる体言 パッチム有	-은

体言とは、名詞や代名詞など、形を変えないものである。

저는（私は）　　　　한국은［한구근］（韓国は）

1-1 보기（例）にならって適当な助詞を入れて、読んでみましょう。

보기　학교 → 학교는　　　일본 → 일본은

1）친구 →　　　2）선생님 →

3）도쿄 →　　　4）서울 →

2 体言＋입니다　~です〈합니다体〉

体言につける「－입니다」は「～です」の意味で、「－입니까?」は「～ですか」の意味である。

	平叙形：～です	疑問形：～ですか
体言	-입니다.［임니다］	-입니까?［임니까］

친구입니다.（友達です。）　　　일본입니다.（日本です。）
친구입니까?（友達ですか。）　　일본입니까?（日本ですか。）

2-1 보기（例）にならって文を作り、隣の人と言ってみましょう。

보기　서울 → 가：서울입니까?　　나：네, 서울입니다.

1）오사카 → 가：　　나：

2）부산 → 가：　　나：

3）파리 → 가：　　나：

4）런던 → 가：　　나：

2-2 보기（例）にならって文を作り、読んでみましょう。

보기 저／대학생 → 저는 대학생입니다.

1）수진 씨／유학생 →

2）어머니／일본 사람 →

3）선생님／한국 사람 →

4）동생／고등학생 →

3 A B（A의 B） AのB

日本語の「～の」に相当する助詞として「의」がある。しかし、「AのB」のときは、「의」が省略されることが多く、「A B」と表す。

한국어 교과서（韓国語の教科書） 일본 사람（日本の人＝日本人）

〈国の名前（나라 이름）〉

한국（韓国）	**일본**（日本）	**중국**（中国）
대만（台湾）	**홍콩**（香港）	**태국**（タイ）
미국（アメリカ）	**영국**（イギリス）	**호주**（オーストラリア）
프랑스（フランス）	**스페인**（スペイン）	**독일**（ドイツ）
네덜란드（オランダ）	**러시아**（ロシア）	**아시아**（アジア）
유럽（ヨーロッパ）	**남미**（南米）	**아프리카**（アフリカ）

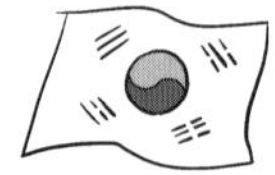
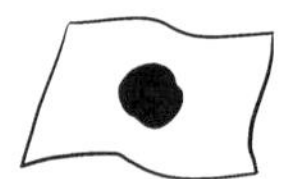
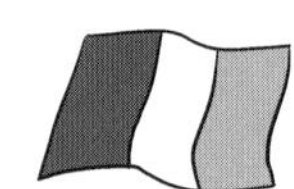

응용연습 (応用練習)

A 日本語を参考に簡単な会話を作ってみましょう。

1）こんにちは。(해요体で)

2）私は（名前）です。

3）お会いできて嬉しいです。

4）日本人ですか。

5）はい、日本人です。

6）学生ですか。

7）はい、大学生です。

B 次の文を読んで、質問に答えてみましょう。 48

저는 김수진입니다. 한국 사람입니다. 친구 이름은 스즈키 겐타라고 합니다. 겐타 씨는 일본 사람입니다. 우리는 대학생입니다.

1）저는 한국 사람입니까?

2）친구 이름은 무엇（何）입니까?

3）친구는 대학생입니까?

C 上記の会話文を参考に隣の人と自己紹介のやり取りをしてみましょう。

제 2 과 (이)

저것은 교과서가 아닙니다.

▼解説動画

49

수진： 그것은 교과서입니까?

겐타： 네, 이것은 한국어 교과서입니다.

수진： 그럼 저 책도 교과서입니까?

겐타： 아니요, 저것은 교과서가 아닙니다.
사전입니다.

수진： 아, 그래요?

50

그것	それ
교과서	教科書
이것	これ
한국어	韓国語
그럼	では、じゃ
저	あの
책	本
－도	～も
아니요	いいえ
저것	あれ
－가 / 이 아닙니다 [아님니다]	～ではありません
사전	辞書
아	あ
그래요?	そうですか

文法

1 体言+가/이 아닙니다　～ではありません

	～ではありません	～ではありませんか
母音で終わる体言 パッチム無	**-가 아닙니다.** [아님니다]	**-가 아닙니까?** [아님니까]
子音で終わる体言 パッチム有	**-이 아닙니다.** [아님니다]	**-이 아닙니까?** [아님니까]

친구가 아닙니다. (友達ではありません。)
일본이 아닙니까? (日本ではありませんか。)

1-1 보기（例）にならって文を作り、読んでみましょう。

보기 가수 → 가수가 아닙니다.

1）의사 →
2）학생 →
3）시계 →
4）스마트폰 →

1-2 보기（例）にならって否定の返答を書いて、隣の人と言ってみましょう。

보기 공책입니까? — 아니요, 공책이 아닙니다.

1）일본 사람입니까? →
2）선생님입니까? →
3）지우개입니까? →
4）교과서입니까? →

2 이 그 저 어느　この・その・あの・どの

この	その	あの	どの
이	**그**	**저**	**어느**

이 교실（この教室）　　　저 시계（あの時計）
그 책（その本）　　　어느 학교（どの学校）

発話の現場にないもの、話し手と聞き手の両者が了解しているものには、「그」を用いる。
（この前一緒に見た）あの映画　→　그 영화

指示代名詞

これ	それ	あれ	どれ
이것	**그것**	**저것**	**어느 것**

것＝もの、이것＝このもの→これ
이것, 그것, 저것, 어느 것は、話しことばでは「이거, 그거, 저거, 어느 거」という。

이것은 지우개입니까?（これは消しゴムですか。）
저것은 사전이 아닙니다.（あれは辞書ではありません。）

2-1 보기（例）にならって文を作り、読んでみましょう。

보기　이것／안경／○.　→　이것은 안경입니다.
이것／안경／×.　→　이것은 안경이 아닙니다.

1）이것／가족 사진／○.　→
2）그것／지갑／×.　→
3）이것／제 시계／×.　→
4）저것／겐타 씨 것／○?　→

응용연습 （応用練習）

A 次の文を韓国語で書いて、読んでみましょう。

1）これは韓国語の教科書です。

2）それは辞書ではありません。

3）母の時計はあれではありませんか。

4）あれは誰のものですか。　—　あれは友達のものです。

5）イチゴではありません。みかんです。

B 次の文を読んで、質問に答えてみましょう。 51

이것은 필통입니다. 이 필통은 제 것이 아닙니다. 친구 필통입니다. 저것은 필통이 아닙니다. 지갑입니다. 저 지갑은 제 것입니다.

1）이것은 지갑입니까?

2）저것도 필통입니까?

3）지갑은 누구 것입니까?

C 教室や身のまわりのものを指しながら自由に話してみましょう。

（p.59 身のまわりのものを参考に）

A：그것은 ○○입니까?
B：네, 이것은 ○○입니다.
A：그럼, 저것은 △△입니까?
B：아니요. 저것은 △△가/이 아닙니다. □□입니다.

제 3 과 (삼) 오후에 수업이 있습니까?

▼解説動画

52

겐타 : 오후에 수업이 있습니까?

수진 : 네, 일본어 수업이 있습니다.

겐타 : 수업에는 일본 학생도 있습니까?

수진 : 아니요, 없습니다. 유학생만 있습니다.

겐타 : 그래요? 교실은 어디입니까?

수진 : 저기입니다.

53

오후	午後
－에	～に
수업	授業
－가 / 이	～が
있습니까?[읻씀니까]	ありますか、いますか
일본어	日本語
있습니다 [읻씀니다]	あります、います
학생 [학쌩]	学生
없습니다 [업씀니다]	ありません、いません
유학생 [유학쌩]	留学生
－만	～だけ
교실	教室
어디	どこ
저기	あそこ

文法

1 -가/이　～が

母音で終わる体言 パッチム無	-가	子音で終わる体言 パッチム有	-이

친구가（友だちが）　　　선생님이（先生が）

1-1　보기（例）にならって適当な助詞を入れて、読んでみましょう。

보기　교과서 → 교과서가　　이것 → 이것이

1）한국어 →　　　2）책 →

3）학교 →　　　4）사전 →

2 -에　〈場所、もの、時間〉に

体言	-에

어디에（どこに）　수업에（授業に）　주말에（週末に）　식당에（食堂に）

場所代名詞

ここ	そこ	あそこ	どこ
여기	거기	저기	어디

여기에 친구가 있습니다.（ここに友達がいます。）
저기는 교실이 아닙니까?（あそこは教室ではありませんか。）

3 있습니다, 없습니다　あります、ありません

韓国語では、「あります」「います」の区別なく「있습니다」、「ありません」「いません」も区別なく「없습니다」が用いられる。

第3課

ありります、います	ありますか、いますか
있습니다. [읻씀니다]	**있습니까?** [읻씀니까]
ありません、いません	ありませんか、いませんか
없습니다. [업씀니다]	**없습니까?** [업씀니까]

3-1 **보기（例）にならって文を作り、読んでみましょう。**

보기 여기／학생／○ (×). → 여기에 학생이 있습니다 (없습니다).

1）거기／친구／○. →

2）저기／선생님／×. →

3）어디／식당／○? →

4）거기／교과서／×? →

3-2 **絵を見て、보기（例）にならって文を作ってみましょう。****（p.59参考）**

보기 책상 위／교과서 → 책상 위에 교과서가 있습니다.

1）침대 위／가방 →

2）침대 아래／사전 →

3）책상 앞／의자 →

4）책상 뒤／고양이 →

응용연습 （応用練習）

第3課

A 次の文を韓国語で書いて、読んでみましょう。

1）韓国語の教科書がありますか。

2）あそこには建物がありません。

3）友達はどこにいますか。

4）教室に留学生はいません。

5）机の上に日本語の辞書はありませんか。

B 次の文を読んで、質問に答えてみましょう。 54

제 가방 안에는 교과서, 공책, 필통이 있습니다. 그리고 스마트폰도 있습니다. 사전은 없습니다. 교실에는 선생님이 있습니다. 그러나 친구는 없습니다.

1）가방 안에는 무엇이 있습니까?

2）가방 안에 사전도 있습니까?

3）교실에 누가（誰が）있습니까?

C かばんの中にあるものを使って、隣の人と次の会話を話してみましょう。

A：가방에 무엇이 있습니까?
B：○○가/이 있습니다.
A：○○ 씨 가방에는 무엇이 있습니까?
B：○○가/이 있습니다.
A：○○도 있습니까?
B：네, ○○가/이 있습니다.
（または）아니요, ○○는/은 없습니다.
＊가방の他に、교실や학교に置き換えて練習しよう。

発音の変化2

1 ㅎの無音化、弱化

55

①「パッチムㅎ＋母音」の組み合わせでは、常に「ㅎ」は発音されない。

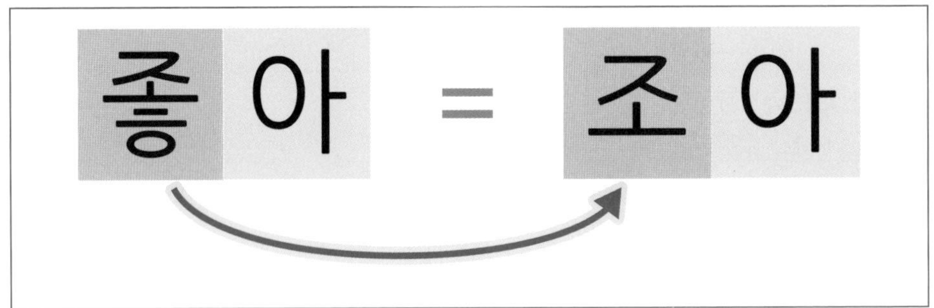

②「パッチムㄴ，ㄹ，ㅁ，ㅇ＋初声ㅎ」の組み合わせでは、通常「ㅎ」は弱くなって発音される。

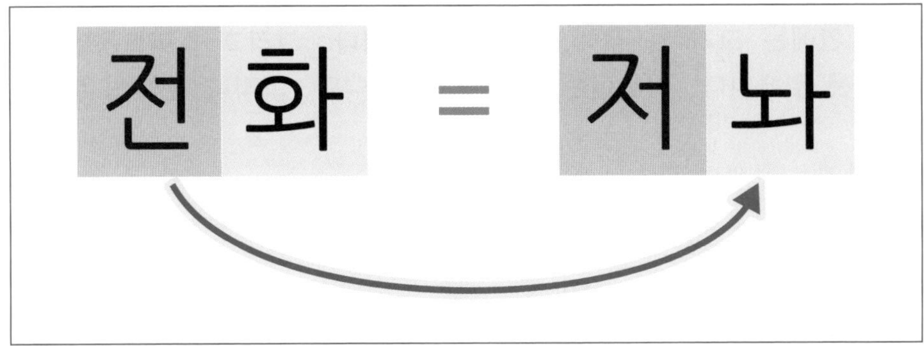

1-1 読んでみましょう。

1. 좋아해요（好きです）　2. 싫어해요（嫌いです）　3. 많이（たくさん）
4. 번호（番号）　5. 결혼（結婚）　6. 영화（映画）

［조아해요，시러해요，마니，버노，겨론，영와］

2 激音化

56

①パッチム「ㅎ」の後に「ㄷ，ㅈ，ㄱ」が来ると、それぞれ激音「ㅌ，ㅊ，ㅋ」に変わって発音される。

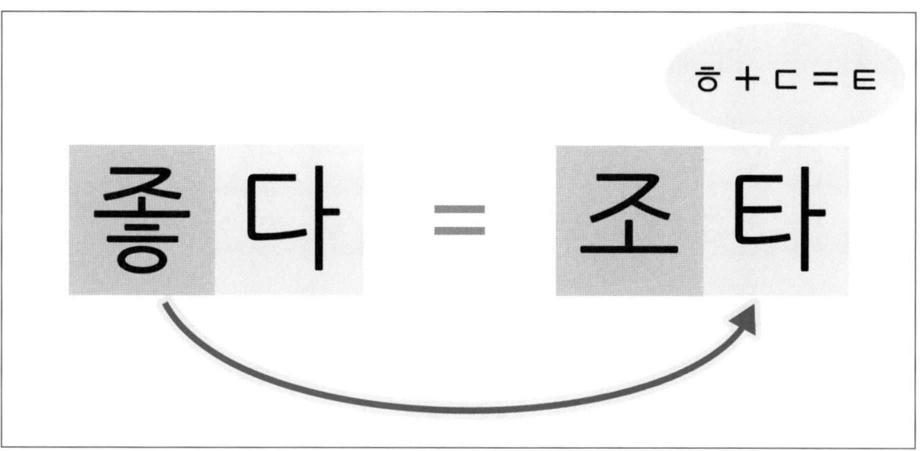

②終声の「ㅂ，ㄷ，ㄱ」は後ろに「ㅎ」が来ると、それぞれ激音「ㅍ，ㅌ，ㅋ」に変わって発音される。

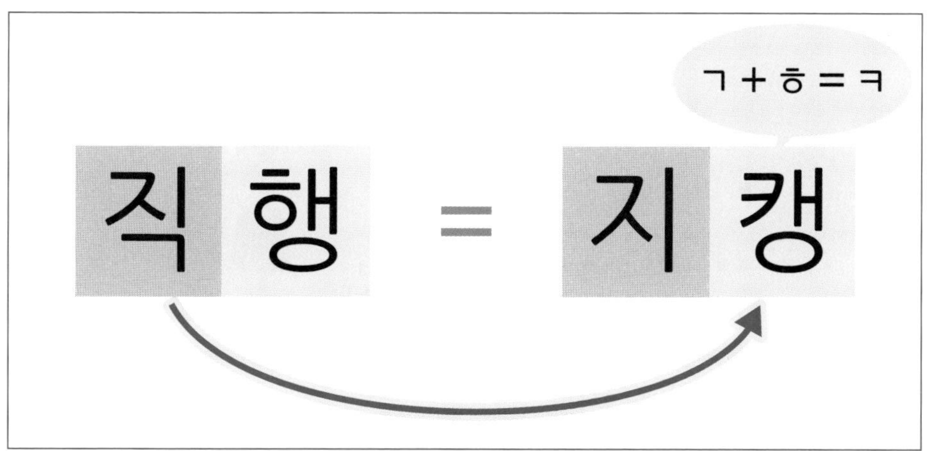

2-1 読んでみましょう。

1. 좋지（良いとも）　2. 그렇게（そのように）　3. 싫다（嫌だ）

4. 입학（入学）　5. 축하（お祝い）　6. 못하다（できない）

［조치，그러케，실타，이팍，추카，모타다］

제 4 과 (사) 어디에 갑니까?

▼解説動画

57

수진 : 겐타 씨, 어디에 갑니까?

겐타 : 한국어 수업에 갑니다.

수진 : 한국어 공부는 재미있습니까?

겐타 : 네, 아주 재미있습니다.
수진 씨는 무엇을 합니까?

수진 : 저는 일본어 숙제를 합니다.

58

씨	～さん、～氏
가다	行く
－ㅂ니까 / 습니까?	～ですか、ますか
한국어	韓国語
－ㅂ니다 / 습니다	～です、ます
공부	勉強
재미있다 [재미읻따]	楽しい、面白い
아주	とても
무엇	何
－를 / 을	～を
하다	する
숙제 [숙쩨]	宿題

文法

1 -를/을　～を

母音で終わる体言 パッチム無	-를	子音で終わる体言 パッチム有	-을

공부를（勉強を）　　　　음악을（音楽を）

1-1 보기（例）にならって適当な助詞を入れて、読んでみましょう。

보기　한국어 → 한국어를　　저것 → 저것을

1）주스 →　　　　2）우동 →

3）라면 →　　　　4）커피 →

2 用言の基本形と語幹

用言の基本形（辞書の見出し語の形）はすべて「다」で終わっている。基本形から「다」をとった部分を「語幹」といい、「다」のように語幹の後ろに付いている部分を「語尾」という。語幹は意味を表し、語尾は文法的な機能を担う。また、語幹には、母音語幹と子音（ㄹ以外）語幹がある。

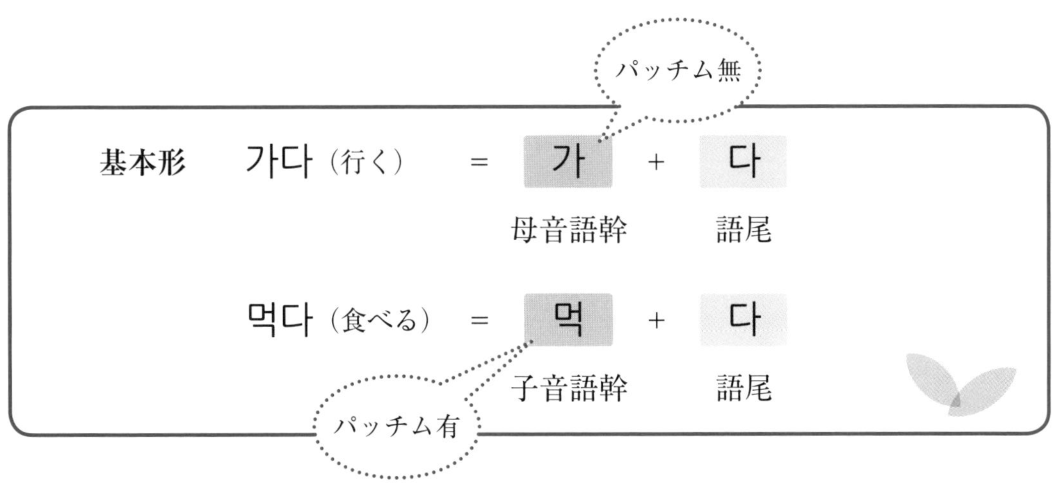

3 -ㅂ니다/습니다　～です、～ます 〈합니다体〉

합니다体は、日本語の「～です・ます体」に相当する丁寧な言い方である（39ページ参照）。作り方は、基本形の「다」をとってから、母音語幹には「-ㅂ니다」「-ㅂ니까」を、子音語幹には、「-습니다」「-습니까」をつける。

	～です、～ます	～ですか、～ますか
母音語幹	**-ㅂ니다.** [ㅁ니다]	**-ㅂ니까?** [ㅁ니까]
子音語幹	**-습니다.** [슴니다]	**-습니까?** [슴니까]

가다（行く）　가 + **ㅂ니다.** → 갑니다. [감니다]（行きます）
가 + **ㅂ니까?** → 갑니까? [감니까]（行きますか）

먹다（食べる）　먹 + **습니다.** → 먹습니다. [먹씀니다]（食べます）
먹 + **습니까?** → 먹습니까? [먹씀니까]（食べますか）

3-1 次の用言の語幹を書き、また합니다体に活用させてみましょう。

単語	意味	語幹	-ㅂ니다/습니다. (～です、～ます)	-ㅂ니까/습니까? (～ですか、～ますか)
오다	来る			
배우다	習う			
하다	する			
있다[읻따]	ある、いる			
없다[업따]	ない、いない			
맛있다	おいしい			

第3課で習った「있습니다」「없습니다」は「있다」「없다」の합니다体だった！

3-2 보기（例）にならって文を作り、隣の人と言ってみましょう。

> **보기** 가방／예쁘다
> → 가：가방이 예쁩니까?　　나：네, 가방이 예쁩니다.

1）선생님／가다　→　가：

나：

2）구두／크다　→　가：

나：

3）수업／재미있다　→　가：

나：

4）저기／좋다　→　가：

나：

3-3 보기（例）にならって文を作り、隣の人と言ってみましょう。

> **보기** 오후／숙제／하다　→　오후에 숙제를 합니다.

1）아침／우유／마시다　→

2）점심／빵／먹다　→

3）저녁／티브이／보다?　→

4）여기／책／넣다?　→

第4課

응용연습 （応用練習）

A 次の文を韓国語で書いて、読んでみましょう。

1）今日はどこに行きますか。

2）友達が図書館に来ます。

3）午後には宿題をします。

4）お姉さんは韓国語を習いますか。

5）このドラマは面白いです。

B 次の文を読んで、質問に答えてみましょう。 59

저는 아침에 주로 빵을 먹습니다. 그리고 학교에 갑니다. 오늘은 한국어 수업만 있습니다. 한국어는 아주 재미있습니다. 한국어 선생님은 친절합니다.

1）아침에 무엇을 먹습니까?

2）오늘은 영어 수업이 있습니까?

3）한국어 선생님은 친절합니까?

C 隣の人と家がどこかをたずねるやり取りをしてみましょう。

A：어디에 갑니까?
B：집에 갑니다.
A：집이 어디입니까?
B：우리 집은 (　　　　)에 있습니다.
　(　　　　)씨 집은 어디입니까?
A：우리 집은 (　　　　)입니다.

〈位置関係（위치 관계）の表現〉

東西南北	**동쪽**（東側）	**서쪽**（西側）	**남쪽**（南側）	**북쪽**（北側）
上下左右	**위**（上）		**아래, 밑**（下）	
	왼쪽（左側）		**오른쪽**（右側）	**옆**（横）
前後	**앞**（前）		**뒤**（後ろ）	
	가운데（中央）		**안, 속**（中）	**밖**（外）

〈身のまわりのもの（주변용품）〉

칠판（黒板）	**책상**（机）	**핸드폰**（携帯電話）
의자（椅子）	**시계**（時計）	**가방**（かばん）
연필（鉛筆）	**교과서**（教科書）	**공책**（ノート）
지우개（消しゴム）	**필통**（筆箱）	**사전**（辞書）
우산（傘）	**지갑**（財布）	**안경**（メガネ）

제 5 과 (오)

한국어는 어렵지 않습니다.

▼解説動画

60

저는 미라이대학교에 다닙니다.

학교에서 한국어를 공부합니다.

한국어는 어렵지 않습니다.

매일 도서관에서 한국어 책을 읽습니다.

오늘은 친구와 같이 숙제를 합니다.

숙제는 그렇게 많지 않습니다.

61

미라이대학교	未来大学
다니다	通う
학교	学校
－에서	～で（場所）
공부하다	勉強する
어렵다	難しい
－지 않다 [안타]	～ない
매일	毎日
도서관	図書館
책	本
읽다 [익따]	読む
오늘	今日
친구	友達
－와 / 과	～と
같이 [가치]	一緒に
그렇게 [그러케]	そんなに
많다 [만타]	多い

文法

1 －에서　～で（場所）

体言	-에서

학교에서（学校で）　　　도서관에서（図書館で）

場所の代名詞「여기/거기/저기/어디」の後では、「－에서」の代わりに「－서」が多用される。

여기서（ここで）　　　어디서（どこで）

2 －와/과　～と

母音で終わる体言 パッチム無	-와	子音で終わる体言 パッチム有	-과

친구와（友達と）　　　선생님과（先生と）

話しことばでは「－하고」や「－랑/이랑」をよく使う。

친구하고（友達と）　　　선생님이랑（先生と）

2-1　보기（例）にならって文を作り、読んでみましょう。

보기　식당／선배／식사／하다　→　식당에서 선배와 식사를 합니다.

1）노래방／동생／노래／부르다　→

2）영화관／가족／영화／보다　→

3）집／할머니／비빔밥／먹다　→

4）도서관／친구／책／읽다　→

3 -지 않다　～ない（後置否定）

	～ない	～ません、～ありません	～ませんか、～ありませんか
語幹	**-지 않다.** [안타]	**-지 않습니다.** [안씀니다]	**-지 않습니까?** [안씀니까]

다니다（通う）　다니지 않다.　다니지 않습니다.　다니지 않습니까?
어렵다（難しい）　어렵지 않다.　어렵지 않습니다.　어렵지 않습니까?

3-1 보기（例）にならって否定文を作り、隣の人と言ってみましょう。

보기 책을 읽습니까? — 아니요, 책을 읽지 않습니다.

1）학교에 갑니까? —

2）숙제를 합니까? —

3）날씨가 덥습니까? —

4）사람이 많습니까? —

3-2 5課の本文を肯定文は否定文、否定文は肯定文に直して読んでみましょう。

응용연습 (応用練習)

A 次の文を韓国語で書いて、読んでみましょう。

1）学校で友達と一緒にご飯を食べます。

2）韓国語は難しくないですか。

3）教室で先生と本を読みます。

4）朝にはコーヒーを飲みません。

5）この授業には留学生が多くありません。

B 次の文を読んで、質問に答えてみましょう。 62

저는 대학생입니다. 미라이대학교 사회학과에 다닙니다. 오늘은 친구와 같이 사진 동아리에 갑니다. 사진 찍기는 어렵지 않습니다. 참 재미있습니다.

1）저는 어느 대학교에 다닙니까?

2）오늘은 아르바이트를 합니까?

3）사진 찍기는 어렵습니까?

C 隣の人とやり取りをして、答えを表に書いてみましょう。

A：오늘은 무엇을 합니까?
B：식당에서 친구와 우동을 먹습니다.

	名前	どこで	誰と	何をする
1	B	식당	친구	우동을 먹습니다.
2				
3				

発音の変化3

1 ㄴ音の挿入 63

合成語の場合、前の語が子音で終わり、後続の語が「이, 야, 여, 요, 유」で始まる場合、ㄴ[n]音が挿入される。

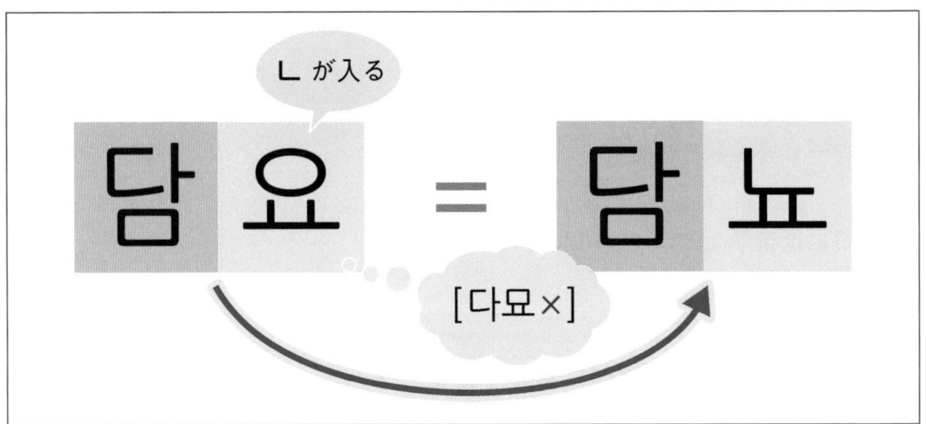

1-1 読んでみましょう。

1. 한입（一口）　2. 십육（16）　3. 무슨 요일（何曜日）
4. 한국 요리（韓国料理）　5. 강남역（江南駅）　6. 꽃잎（花びら）

［한닙, 심뉵, 무슨뇨일, 한궁뇨리, 강남녁, 꼰닙］

2 流音化  64

ㄴとㄹが隣り合うと、ㄴはすべて流音ㄹに変わり、ㄹㄹと発音される。

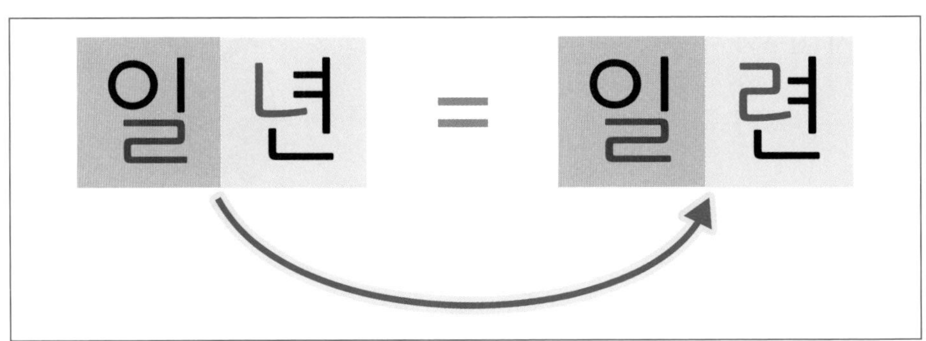

2-1 **読んでみましょう。**

1. 연락（連絡）　2. 한류（韓流）　3. 실내（室内）

4. 설날（元旦）　5. 전람회（展覧会）　6. 서울역（ソウル駅）

［열락, 할류, 실래, 설랄, 절라뫼, (ㄴ挿入：서울녁→) 서울력］

3 口蓋音化

パッチム「ㄷ, ㅌ」の後に「이」が続く場合、「디, 티」ではなく、「지, 치」と発音される。また、パッチム「ㄷ」の後に「히」が続くと、「티」ではなく「치」と発音される。

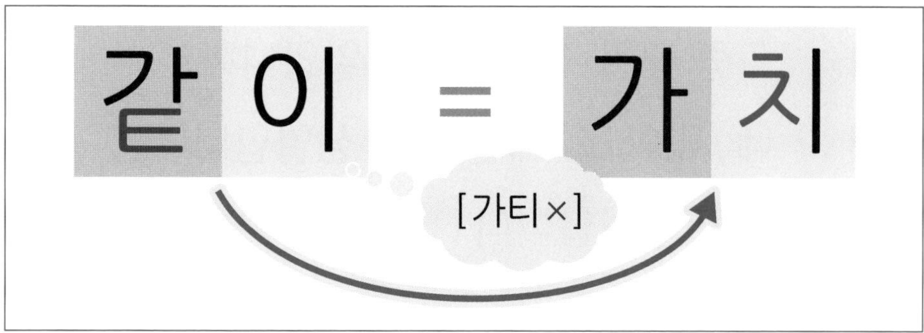

3-1 **読んでみましょう。**

1. 굳이（あえて）　2. 미닫이（引き戸）　3. 해돋이（日の出）

4. 샅샅이（くまなく）　5. 햇볕이（太陽の光が）　6. 닫히다（閉まる）

［구지, 미다지, 해도지, 삳싸치, 핻뼈치, 다치다］

제 6 과 (육) 6월 10일입니다.

▼解説動画

66

수진： 겐타 씨, 생일이 언제입니까?

겐타： 9월 5일입니다.
수진 씨 생일은 언제입니까?

수진： 저는 6월 10일입니다.

겐타： 그럼 내일 수요일이 생일입니까?

수진： 네, 맞아요. 내일은 제 생일입니다.

겐타： 생일 축하합니다!

67

생일	誕生日
언제	いつ
월	～月
일	～日
내일	明日
수요일	水曜日
맞아요	そうです、その通りです
제	私の
축하합니다 [추카합니다]	おめでとうございます

文法

1 漢字語数詞

1	2	3	4	5	6	7	8	9	10
일	이	삼	사	오	육	칠	팔	구	십
11	12	13	14	15	16	17	18	19	20
십일	십이	십삼	십사	십오	십육 [심뉵]	십칠	십팔	십구	이십
30	40	50	60	70	80	90	100	1000	10000
삼십	사십	오십	육십	칠십	팔십	구십	백	천	만

1万：ふつう만と言い、일만とは言わない。
「0」は「영，공，제로」と言い、おおむね「点、時」には「영」、「番号類」は「공」を使う。
数詞は、万単位で分かち書きをする。25,300円：이만 오천삼백 엔

漢字語数詞は、년월일（年月日）、분（分）、초（秒）、원（ウォン）、번（番）、학년（年生）、교시（時限）などに用いられる。

1-1 보기（例）にならって文を作り、読んでみましょう。

보기 교실（教室）／502호（号） → 교실은 오백이 호입니다.

1）이 구두／14,500원 →

2）영어 수업／2교시 →

3）번호／010-2345-6789번 →
（電話番号の「－（ハイフン）」は「에」）

4）저／1학년 →

第6課

2 년월일　年月日

	1	2	3	4	5	6
월（月）	일월	이월	삼월	사월	오월	유월
일（日）	일일	이일	삼일	사일	오일	육일
	7	8	9	10	11	12
월（月）	칠월	팔월	구월	시월	십일월	십이월
일（日）	칠일	팔일	구일	십일	십일일	십이일

6月と10月の語形に注意！

2023年10月25日：이천이십삼년 시월 이십오일

가：오늘이 몇 월[며뒬] 며칠입니까？（今日は何月何日ですか。）
나：○월 ○일입니다.（○月○日です。）
「何日」は、「몇 일」ではなく「며칠」である。

2-1 보기（例）にならって答えを書いて、隣の人と言ってみましょう。

보기 생일이 언제입니까？ ―（6/27）유월 이십칠일입니다.

1）설날이 언제입니까？ ―（1/1）

2）한글날이 언제입니까？ ―（10/9）

3）크리스마스가 언제입니까？ ―（12/25）

4）몇 년생[면년생]（何年生まれ）입니까？ ―

疑問詞（なに、いつ、どこ、だれ等）を伴う疑問文の場合、「～は何（いつ・どこ・だれ）ですか」の「は」は、「－가/이」が多く用いられる。

이것**이 무엇**입니까？（これは何ですか。）
학교**가 어디**입니까？（学校はどこですか。）
생일**이 언제**입니까？（誕生日はいつですか。）

3 요일　曜日

月曜日	火曜日	水曜日	木曜日	金曜日	土曜日	日曜日
월요일	화요일	수요일	목요일	금요일	토요일	일요일

가：오늘이 무슨 요일[무슨뇨일]입니까?（今日は何曜日ですか。）
나：○요일입니다.（○曜日です。）

日本語の「何」にあたる「몇, 무엇, 무슨」があり、おおむね、次のように使い分けられる。

・「何」＋助数詞：몇 년（何年)、몇 학년（何年生)、몇 시（何時）など
・「何」＋助詞・指定詞：무엇이（何が)、무엇입니까?（何ですか）など
・「何」＋名詞：무슨 요일（何曜日)、무슨 책（何の本）など

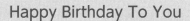

Happy Birthday To You

생일 축하합니다 ～
お誕生日おめでとうございます
생일 축하합니다 ～
사랑하는 ○○ 씨
愛する○○さん
생일 축하합니다 ～♪♫

응용연습 (応用練習)

A 次の文を韓国語で書いて、読んでみましょう。

1）今日は何曜日ですか。　—　○曜日です。

2）韓国語の授業は3時限です。

3）土曜日はアルバイトがあります。

4）私の誕生日は6月15日です。

5）お誕生日、おめでとうございます。

B 次の文を読んで、質問に答えてみましょう。 68

한국의 5월은 가정의 달입니다. 5월 5일은 어린이날입니다. 5월 8일은 어버이날입니다. 그리고 5월 15일은 스승의 날입니다. 5월은 기념일이 아주 많습니다.

助詞「-의」（の）は[에]と発音される。

1）5월은 무슨 달입니까?

2）어린이날이 언제입니까?

3）5월에는 기념일이 많습니까?

C 隣の人とやり取りをして、答えを表に書いてみましょう。

A：○○ 씨 생일이 언제입니까?

B：제 생일은 9월 1일입니다.

	名前	何月	何日
1	B	9：구월	1：일일
2			
3			

〈季節（계절）〉

봄(春)　　여름(夏)　　가을(秋)　　겨울(冬)

〈時の表現（시간 표현）〉

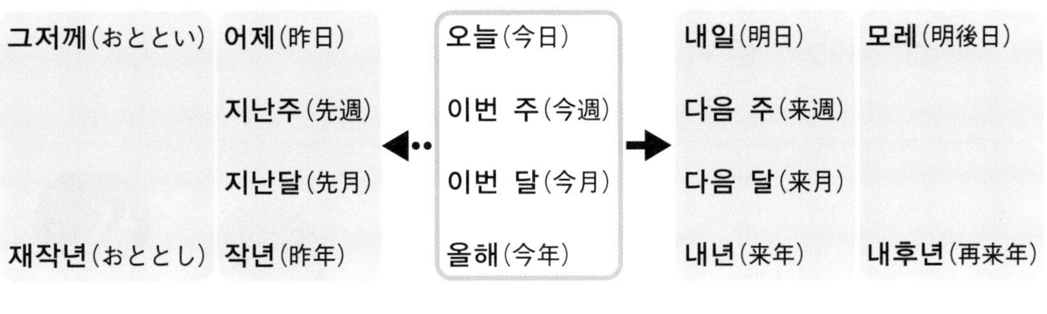

그저께(おととい)	어제(昨日)	오늘(今日)	내일(明日)	모레(明後日)
	지난주(先週)	이번 주(今週)	다음 주(来週)	
	지난달(先月)	이번 달(今月)	다음 달(来月)	
재작년(おととし)	작년(昨年)	올해(今年)	내년(来年)	내후년(再来年)

매일(毎日)　　매주(毎週)　　매달(毎月)　　매년(毎年)

제 7 과 (칠)

10시 20분입니다.

▼解説動画

69

겐타: 지금 몇 시입니까?

수진: 10시 20분입니다.

겐타: 그런데 영어 수업은 몇 시부터입니까?

수진: 오후 1시부터 3시까지입니다.

겐타: 그럼 집에는 몇 시에 갑니다까?

수진: 5시쯤에 갑니다.

70

지금	今
몇	何
시	～時
분	～分
그런데	ところで
영어	英語
－부터	～から
－까지	～まで
집	家
－쯤	頃

文法

1 固有語数詞

1	2	3	4	5	6	7	8	9	10
하나 한	둘 두	셋 세	넷 네	다섯	여섯	일곱	여덟 [여덜]	아홉	열
11	**12**	**13**	**14**	**15**	**16**	**17**	**18**	**19**	**20**
열하나 열한	열둘 열두	열셋 열세	열넷 [열렌] 열네 [열레]	열다섯	열여섯 [열려선]	열일곱	열여덟 [열려덜]	열아홉	스물 스무

後ろに助数詞が続くとき、1～4、11～14、20は下段の語形を用いる。

30	40	50	60	70	80	90
서른	마흔	쉰	예순	일흔	여든	아흔

100以上は漢字語数詞で数える。

固有語数詞を用いる助数詞には、살（歳）、시（時）、시간（時間）、번（回）、장（枚）、개（個）、권（冊）、잔（杯）、명（人）、마리（匹）などがある。

1-1 次の数字を固有語数詞で書いて、読んでみましょう。

1）1杯 →　　　　2）2回 →

3）4枚 →　　　　4）7個 →

5）10人 →　　　　6）19歳 →

2 時刻

固有語数詞 ＋ **시**（時）　　　漢字語数詞 ＋ **분**（分）

時刻を読むとき、「시（時）」には固有語数詞を用い、「분（分）」には漢字語数詞を用いる。

	1	2	3	4	5	6
시 (時)	한 시	두 시	세 시	네 시	다섯 시	여섯 시
분 (分)	일 분	이 분	삼 분	사 분	오 분	육 분
	7	8	9	10	11	12
시 (時)	일곱 시	여덟 시	아홉 시	열 시	열한 시	열두 시
분 (分)	칠 분	팔 분	구 분	십 분	십일 분	십이 분

4時15分　네 시 십오 분　　　　　12時半　열두 시 반

오전 (午前)、오후 (午後)

2-1 **보기 (例) にならって、時刻を韓国語で書いて、言ってみましょう。**

보기　8:35　→　여덟 시 삼십오 분입니다.

1）6:00　→

2）9:10　→

3）午前10:54　→

4）午後4:18　→

3　-부터 -까지　～から～まで

時間や日付、順序を表す「～から～まで」は、「-부터 -까지」を用いる。

한국어 수업은 두 시부터 네 시까지입니다. (韓国語の授業は2時から4時までです。)

수요일부터 금요일까지 서울에 갑니다. (水曜日から金曜日までソウルに行きます。)

場所の「～から～まで」の「～から」には、「-에서」を用いる。

한국에서 일본까지 (韓国から日本まで)

응용연습 （応用練習）

A 次の文を韓国語で書いて、読んでみましょう。

1）今何時ですか。 ― 2時30分です。

2）何歳ですか。 ― 私は19歳です。

3）今日、時間ありますか。

4）教室に学生が20人います。

5）夜10時からはお菓子を食べません。

B 次の文を読んで、質問に答えてみましょう。 71

수업은 오전 9시부터 시작됩니다. 한국어 수업은 일주일에 2번 있습니다. 오후 1시에 친구 3명과 점심을 먹습니다. 6시부터 9시까지 아르바이트가 있습니다.

1）한국어 수업은 일주일에 3번 있습니까?

2）점심은 몇 시에 먹습니까?

3）아르바이트는 몇 시부터 몇 시까지입니까?

C 次のやり取りを隣の人と交わしてみましょう。

1）A：몇 시에 일어납니까? B：

2）A：언제 학교에 옵니까? B：

3）A：수업은 몇 시에 시작됩니까? B：

4）A：언제 집에 갑니까? B：

5）A：몇 시에 잡니까? B：

〈趣味（취미）〉

영화감상(映画鑑賞)	독서(読書)	음악감상(音楽鑑賞)
바둑(囲碁)	여행(旅行)	요리(料理)
낚시(釣り)	등산(登山)	산책(散歩)
인터넷(インターネット)	게임(ゲーム)	댄스(ダンス)
요가(ヨガ)	사진(写真)	드라이브(ドライブ)

〈スポーツ（스포츠）〉

골프(ゴルフ)	사격(射撃)	체조(体操)
농구(バスケットボール)	수영(水泳)	축구(サッカー)
럭비(ラグビー)	승마(馬術)	탁구(卓球)
레슬링(レスリング)	야구(野球)	태권도(テコンドー)
배구(バレーボール)	양궁(アーチェリー)	테니스(テニス)
배드민턴(バドミントン)	유도(柔道)	펜싱(フェンシング)
복싱(ボクシング)	육상(陸上)	하키(ホッケー)

用言の活用

韓国語の用言は、日本語と同様に活用するが、活用の仕方は3種類しかなく、しかも一部の例外を除いて規則的に作ることができる。

■ 用言

用言とは、動詞や形容詞のように、規則に則って形を変えるものである。韓国語の用言には、動詞、形容詞、存在詞、指定詞の4つの品詞がある。

動詞：가다（行く）、먹다（食べる）...
形容詞：많다（多い）、좋다（良い）...
存在詞：있다（ある、いる）、없다（ない、いない）
指定詞：－이다（～だ、～である）、아니다（～ではない）

用言の基本形は、すべて「다」で終わっている。基本形から「다」をとった部分を「語幹」といい、「다」のように語幹の後ろについている部分を「語尾」という。語幹は意味を表し、語尾は文法的な機能を担う。また、語幹には母音語幹、子音（ㄹ以外）語幹がある。（55頁参考、ㄹ語幹については第12課で学ぶ）

■ 活用

活用とは、語幹に語尾が結合することである。語幹と語尾の結合の仕方は、次の3通りがある。

① 語幹に直接語尾がつく
語尾の例：－고、－지만

② 子音語幹につくとき、「으」が加わる。（母音語幹には直接つく）
語尾の例：－(으)면、－(으)시－

③ 語幹末の母音が「ㅏ，ㅗ，ㅑ」（陽母音）のときは「아」がつき、それ以外の母音（陰母音）には「어」がつく。
語尾の例：－아서/어서、－아요/어요

제 8 과 (팔) 라면이 아주 맛있어요.

▼解説動画

72

수진： 지금부터 뭐 해요?

겐타： 숙제도 하고 점심도 먹어요.

수진： 점심은 어디서 먹어요?

겐타： 학생 식당에서 먹어요.

수진： 식당에는 사람들이 많아요?

겐타： 네, 많아요.

거기 라면이 아주 맛있어요.

73

뭐	何、何を。무엇の話しことば形
−아요 / 어요?	～ですか、ますか
−고	～て
점심	お昼、昼食
먹다	食べる
−아요 / 어요	～です、ます
어디서	どこで
학생 식당	学生食堂
사람	人
−들	～たち
거기	そこ
라면	ラーメン
맛있다	おいしい

文法

1 －아요/어요　～です、～ます 〈해요体〉

「해요体」は、既習（第4課）の「합니다体」と同様に、日本語の「～です·ます体」に相当する丁寧な言い方である。「합니다体」がよりフォーマルで硬い感じがするのに対し、「해요体」は柔らかくて親しみが感じられる。

「해요体」の作り方は、語幹末の母音が「ㅏ, ㅗ, ㅑ」(陽母音)のときは、語幹に「－아요」がつき、それ以外の母音(陰母音)には「－어요」がつく。また、平叙形も疑問形も同じ形をとる。

語幹末の母音	基本形	語幹	語尾	해요体：平叙形	해요体：疑問形
ㅏ, ㅗ, ㅑ	받다（受取る）	받	-아요	받아요.	받아요?
	좋다（良い）	좋		좋아요.	좋아요?
	얕다（浅い）	얕		얕아요.	얕아요?
ㅏ, ㅗ, ㅑ 以外	먹다（食べる）	먹	-어요	먹어요.	먹어요?
	웃다（笑う）	웃		웃어요.	웃어요?

하다がつく用言には、「－여요」がついて「하여요」になるが、通常「해요」が用いられる。

基本形	語幹	語尾	해요体：平叙形	해요体：疑問形
하다（する）	하	-여요	해요.	해요?
공부하다（勉強する）	공부하		공부해요.	공부해요?

1-1 語幹に「－아요/어요」をつけ、해요体を作ってみましょう。

基本形	意味	－아요/어요.（～です、ます）	－아요/어요?（～ですか、ますか）
많다	多い		
높다	高い		
얇다	薄い		
있다	ある、いる		
없다	ない、いない		
운동하다	運動する		
좋아하다	好きだ、好む		

2 －고　～て（並列）

「－고」は、事柄が並列していることを表す。語幹に直接「－고」がつく。

공부하다（勉強する）	공부하	＋	고	→	공부하고（勉強して）
맛있다（おいしい）	맛있	＋	고	→	맛있고（おいしくて）

저는 공부하고 친구는 게임을 해요.（私は勉強して、友達はゲームをします。）
요리가 맛있고 쌉니다.（料理がおいしくて安いです。）

2-1　보기（例）にならって「－고 －도 －아요/어요」の文を作り、読んでみましょう。

보기　숙제／하다, 책／읽다　→　숙제도 하고 책도 읽어요.

1）공부／하다, 점심／먹다　→

2）날씨／좋다, 사람／많다　→

3）영화／보다, 운동／하다　→

4）친구／만나다, 쇼핑／하다　→

해요体は、文脈やイントネーションによって、平叙形、疑問形、勧誘形、命令形の意味になり得る。

아침을 먹어요.（朝ごはんを食べます。）
점심을 먹어요?（お昼を食べますか。）
저녁을 같이 먹어요.（夕飯を一緒に食べましょう。）
빨리 먹어요.（早く食べてください。）

응용연습 (応用練習)

A 次の文を해요体で書いて、読んでみましょう。

1）どこで勉強しますか。

2）明日は授業がありません。

3）富士山は高いです。

4）ジュースも飲んでケーキも食べます。

5）図書館には本が多いです。

B 次の文を読んで、質問に答えてみましょう。 74

오늘은 10월 9일 월요일입니다. 아침에 밥을 먹고 학교에 갑니다. 오전 9시부터 한국어 수업이 있어요. 한국어 수업은 참 재미있어요. 오후에는 도서관에서 숙제도 하고 잡지도 읽어요. 그리고 오늘은 한국에서는 한글날 휴일입니다.

1）한국어 수업은 무슨 요일에 있습니까?

2）오후에는 어디서 무엇을 합니까?

3）오늘 한국은 무슨 날입니까?

 自分の一日を書いて、発表してみましょう。

나의 하루（私の一日）

제 9 과 (구)

수업이 끝나면 어디에 가요?

▼解説動画

75

겐타： 수업이 끝나면 어디에 가요?

수진： 신주쿠에서 친구를 만나요.

겐타： 친구랑 뭐 해요?

수진： 오랜만에 영화를 봐요.

겐타： 그래요? 저도 신주쿠에서 약속이 있어요.

수진： 그럼 우리 역까지 같이 가요.

겐타： 네, 좋아요! 이따가 정문에서 봐요.

76

끝나다	終わる
-(으) 면	～ば、～たら
신주쿠	新宿
만나다	会う。「～に会う」は「-를/을 만나다」
- 랑 / 이랑	～と
오랜만	久しぶり
영화	映画
보다	見る、会う
약속	約束
있다	ある
우리	私たち
역	駅
좋다	良い
이따가	後で
정문	正門

文法

1 -랑/이랑　～と

母音で終わる体言 パッチム無	-랑	子音で終わる体言 パッチム有	-이랑

강아지랑（子犬と）　　　비빔밥이랑（ビビンバと）

강아지랑 공원을 산책해요.（子犬と公園を散歩します。）
비빔밥이랑 순두부찌개도 좋아해요.（ビビンバとスンドゥブチゲも好きです。）

2 母音語幹用言の해요体

母音語幹の用言を해요体にする際、語尾の「-아/어」が省略される場合と、語幹末の母音と語尾の「-아/어」が縮約される場合とがある。

①「-아/어」が省略される場合：

語幹末の母音	基本形	語幹	語尾	해요体：平叙形	해요体：疑問形
ㅏ	가다（行く）	가	-아요	가요.	가요?
ㅓ	서다（立つ）	서	-어요	서요.	서요?
ㅕ	켜다（つける）	켜		켜요.	켜요?
ㅐ	내다（出す）	내		내요.	내요?
ㅔ	세다（数える）	세		세요.	세요?

「ㅐ, ㅔ」で終わる場合、書きことばでは아/어が省略されないことがある。
例：내어요、세어요など。

②母音と「-아/어」が縮約される場合：

語幹末の母音	基本形	語幹	語尾	해요体：平叙形	해요体：疑問形
ㅗ	오다（来る）	오	-아요	와요.	와요?
ㅜ	배우다（習う）	배우	-어요	배워요.	배워요?
ㅗ	보다（見る）	보	-아요	봐요.	봐요?
ㅜ	주다（あげる）	주	-어요	줘요.	줘요?
ㅣ	마시다（飲む）	마시		마셔요.	마셔요?
ㅚ	되다（なる）	되		돼요.	돼요?

「ㅗ, ㅜ, ㅣ, ㅚ」で終わる場合、書きことばでは母音同士が縮約されないことがある。
例：보아요、주어요、마시어요、되어요など。

2-1 語幹に「-아요/어요」をつけ、해요体を作ってみましょう。

基本形	意味	-아요/어요.（～です、ます）	-아요/어요?（～ですか、ますか）
만나다	会う		
보내다	送る		
외우다	覚える		
나오다	出る		
다니다	通う		
기다리다	待つ		

母音語幹の用言では、해요体の他にも「-아/어」を持つ語尾や接尾辞の場合、上記のように「-아/어」が省略されたり、語幹末の母音と語尾の「-아/어」が縮約される。

3 -(으)면　～ば、～たら（条件・仮定）

条件・仮定を表す-(으)면は、日本語の「～ば、～たら」に相当する。母音語幹には「-면」を、子音語幹には「-으면」をつける。

끝나다（終わる）　끝나 ＋ 면 → 끝나면（終われば）
먹다（食べる）　먹 ＋ 으면 → 먹으면（食べれば）

수업이 끝나면 어디에 가요?（授業が終わったら、どこに行きますか。）
야채를 먹으면 몸에 좋아요.（野菜を食べると、体に良いです。）

3-1 보기（例）にならって「-(으)면 -아요/어요」の文を作り、読んでみましょう。

보기　학교에 가다, 친구를 만나다 → 학교에 가면 친구를 만나요.

1）숙제가 끝나다, 집에 가다 →

2）메일을 받다, 답장을 보내다 →

3）시간이 있다, 영화를 보다 →

4）겨울이 오다, 눈이 내리다 →

응용연습 (応用練習)

A 次の文を해요体で書いて、読んでみましょう。

1）韓国語は大学で習います。

2）久しぶりに、京都でいとこに会います。

3）アルバイトが終わったら何をしますか。

4）LINEするとすぐに返事が来ます。

5）私たちはスポーツジムに通います。

B 次の文を読んで、質問に答えてみましょう。 77

이번 주말에 시부야에서 고등학교 친구를 만나요. 거기서 점심을 먹고 쇼핑을 해요. 오후에는 영화를 봐요. 매점에서 팝콘을 사요. 팝콘은 아주 맛있어요. 6시에 영화가 끝나면 우리는 집에 가요.

1）시부야에서 누구를 만나요?

2）친구랑 뭐 해요?

3）몇 시에 집에 가요?

C 隣の人とやり取りをして、答えを表に書いてみましょう。

A：보통 시간이 있으면 뭐 해요?
B：친구랑 영화를 봐요.

	名前	誰と	何をする
1	B	친구	영화를 보다
2			
3			

제 10 과 (십) 친구는 한국 사람이에요?

▼解説動画

78

수진：　여기가 신주쿠예요?

겐타：　네, 수진 씨는 신주쿠 처음이에요?

수진：　네, 처음이에요.
사람이 너무 많아서 긴장돼요.

겐타：　조금 있으면 괜찮아요.
그런데 친구는 한국 사람이에요?

수진：　네, 대학교에서 사회학을 전공하고 있어요.

79

여기	ここ
– 예요 / 이에요?	～ですか
처음	初めて
– 예요 / 이에요	～です
너무	とても、あまりに
– 아서 / 어서	～ので、～て
긴장되다	緊張する
조금	少し
괜찮다	大丈夫だ
대학교	大学
사회학	社会学
전공하다	専攻する
– 고 있다	～ている

文法

1 体言＋예요/이에요　～です〈해요体〉

	～です	～ですか
母音で終わる体言 パッチム無	**-예요.**	**-예요?**
子音で終わる体言 パッチム有	**-이에요.**	**-이에요?**

예요の発音は[에요]となる。

여기예요.（ここです。）　　일본이에요?（日本ですか。）

1-1 보기（例）にならって、해요体に書き直して読んでみましょう。

보기 대학생입니다.　→　대학생이에요.

1）숙제입니다.　→

2）전공입니까?　→

否定の「아니다（～ではない）」の해요体は「아니에요（～ではありません）」となる。

여기가 아니에요.（ここではありません。）　일본이 아니에요?（日本ではありませんか。）

1-2 보기（例）にならって、否定文に書き直して読んでみましょう。

보기 처음이에요.　→　처음이 아니에요.

1）도쿄예요.　→

2）서울이에요?　→

2 −아서/어서　～ので、～て（原因・理由、動作の先行）

「−아서/어서」は、原因・理由、または動作の先行を表す。語幹末の母音が「ㅏ, ㅗ, ㅑ」のときは、語幹に「−아서」がつき、それ以外の母音には「−어서」がつく。

많다（多い）	많	+	**아서**	→	많아서（多くて）
모이다（集まる）	모이	+	**어서**	→	모여서（集まって）

사람이 많아서 긴장돼요.（人が多くて緊張します。） → 原因・理由
가족이 모여서 식사합니다.（家族が集まって食事します。） → 動作の先行

2-1 **보기（例）にならって、「－아서/어서 －아요/어요」の文を作り、読んでみましょう。**

보기 비가 오다, 사람이 없다 → 비가 와서 사람이 없어요.

1）시험이 있다, 공부하다 →
2）감기에 걸리다, 집에 있다 →
3）교실에 가다, 수업을 받다 →
4）친구를 만나다, 커피를 마시다 →

3 －고 있다 ～ている（進行・継続）

「－고 있다」は、動作が進行、継続していることを表す。語幹に直接「－고 있다」がつく。

쓰다（書く）	쓰	+	고 있다	→	쓰고 있다（書いている）
전공하다（専攻する）	전공하	+	고 있다	→	전공하고 있다（専攻している）

메일을 쓰고 있습니다.（メールを書いています。）
일본 문화를 전공하고 있어요.（日本文化を専攻しています。）

3-1 **보기（例）にならって、「－를/을 －고 있어요」の文を作ってみましょう。**

보기 인터넷／하다 → 인터넷을 하고 있어요.

1）티브이／보다 →
2）빵／먹다 →
3）경치／찍다 →
4）신문／읽다 →

응용연습 (応用練習)

A 次の文を해요体で書いて、読んでみましょう。

1）外国は初めてですか。

2）ご飯がおいしいのでたくさん食べます。

3）公園に行って、子犬と遊びます。

4）大学で韓国語を専攻しています。

5）今、アイドルのコンサートを見ています。

B 次の文を読んで、質問に答えてみましょう。 80

우리 집은 요코하마에 있어요. 집 근처에는 공원이 있어서 참 좋아요. 우리 가족은 4명이에요. 어머니는 지금 요리를 하고 있어요. 어머니 요리는 맛있어서 많이 먹어요. 아버지는 신문을 읽고 동생은 인터넷을 하고 있어요.

1）집 근처에 뭐가 있어요?

2）우리 가족은 몇 명이에요?

3）동생은 티브이를 보고 있어요?

C 次のやり取りを隣の人と交わしてみましょう。

1）A：지금 뭐 하고 있어요?　B：

2）A：대학교에서 뭐 전공하고 있어요?　B：

제 11 과 (십일) 집이 좁아서 못 키워요.

▼解説動画

81

겐타: 수진 씨는 강아지를 키워요?

수진: 아니요, 지금은 안 키워요.

겐타: 우리 집에는 강아지가 두 마리 있어요.
매일 강아지한테 밥을 줘요.

수진: 저는 집이 좁아서 못 키워요.
그래서 강아지 동영상을 자주 봐요.

겐타: 저도 동영상을 보면 힐링이 돼요.

82

강아지	子犬
키우다	飼う
안	～ない
우리 집	我が家
마리	～匹
－한테	(人・動物) に
밥	ご飯
주다	あげる
좁다	狭い
못	～できない
그래서	それで
동영상	動画
자주	しょっちゅう
힐링	癒し、ヒーリング (Healing)
되다	なる。「～になる」は「－가/이 되다」
힐링이 되다	癒される

文法

1 안　～ない（前置否定）

「안」は、動詞と形容詞の前に置いて「～ない」という否定の意味を表す。

키우다（飼う）	안 키우다（飼わない）	안 키웁니다/키워요（飼いません）
먹다（食べる）	안 먹다（食べない）	안 먹습니다/먹어요（食べません）

지금은 강아지를 안 키워요.（今は子犬を飼っていません。）
밤에는 과자를 안 먹습니다.（夜はお菓子を食べません。）

否定の表現には、前置否定の「안」と、第5課で出た後置否定の「-지 않다（～ない）」がある。

오늘은 대학교에 안 가요. = 가지 않아요.（今日は大学に行きません。）
前置否定 ／ 後置否定

動詞の하다用言の場合、「안」は、名詞と하다の間に入る。

공부하다	공부 안 하다	공부 안 합니다/공부 안 해요
勉強する	勉強しない	勉強しません

시험이 끝나면 공부 안 해요.（試験が終わると勉強しません。）

1-1 보기（例）にならって、「안」を使った否定表現に変えてみましょう。

보기 토끼를 키우지 않아요. → 토끼를 안 키워요.

1）생선을 먹지 않아요. →
2）메일을 보내지 않아요. →
3）전철이 오지 않아요? →
4）저녁에는 운동하지 않아요? →

第11課

「있다（ある、いる）」の否定表現は「없다（ない、いない）」であり、「안 있다」とは言わない。（第3課参照）

집에 자전거가 있어요?（家に自転車がありますか。）
아니요, 없어요.（× 안 있어요.）（いいえ、ありません。）

1-2 보기（例）にならって否定の答えを書いて、隣の人と言ってみましょう。

보기 학생이 있어요? — 아니요, 학생이 없어요.

1）여동생이 있어요? —

2）교실에 컴퓨터가 있어요? —

3）영화가 재미있어요? —

4）잡채가 맛있어요? —

2 못 〜できない（不可能）

用言の前に「못」をつけると、「〜できない」という不可能の表現となる。

키우다（飼う） 못 키우다（飼えない） 못 키웁니다/키워요（飼えません）
먹다（食べる） 못 먹다（食べられない） 못 먹습니다/먹어요（食べられません）

집이 좁아서 못 키웁니다.（家が狭くて飼えません。）
저는 김치를 못 먹어요.（私はキムチを食べられません。）

動詞の하다用言の場合、「못」は、名詞と하다の間に入る。

공부하다	공부 못 하다	공부 못 합니다/공부 못 해요
勉強する	勉強できない	勉強できません

약속이 있어서 같이 공부 못 해요.（約束があって、一緒に勉強できません。）

発音チェック！
못[몯]、못 하다[모타다]、못 해요[모태요]
못 먹다[몬먹따]、못 먹어요[몬머거요]

2-1 보기（例）にならって、不可能表現に変えて読んでみましょう。

보기	혼자서 한복을 입다	→	혼자서 한복을 못 입어요.

1）가방을 사다 →

2）커피를 마시다 →

3）선물을 받다 →

4）여기서 운동하다 →

3 -가/이 되다　～になる

日本語の「～になる」は、「-가/이 되다」で表す。助詞に注意！
「되다」の합니다体は「되다」に「-ㅂ니다」がついて「됩니다」、해요体は「되다」に「-어요」がついて「되어요」→「돼요」になる。

고양이 동영상을 보면 힐링이 돼요.（猫の動画を見ると癒されます。）
드라마와 영화 감상은 공부가 됩니다.（ドラマと映画観賞は勉強になります。）

3-1 보기（例）にならって文を作り、読んでみましょう。

보기	친구／회사원／되다	→	친구가 회사원이 돼요.

1）언니／경찰관／되다? →

2）겐타 씨／동아리 대표／되다? →

3）올챙이／개구리／되다 →

4）물／얼음／되다 →

응용연습 （応用練習）

A 次の文を韓国語で書いて、読んでみましょう。

1）今日は授業がなくて学校に行きません。

2）平日にはアルバイトしませんか。

3）チケットがなくてコンサートに行けません。

4）私はピアノを弾けません。

5）春になると花が咲きます。

B 次の文を読んで、質問に答えてみましょう。 83

우리 집에는 강아지 한 마리하고 고양이 두 마리가 있습니다. 아버지는 매일 아침 강아지와 산책을 합니다. 저는 늦게 일어나서 못 갑니다. 그 대신 고양이에게 밥을 줍니다. 동물들과 같이 있으면 몸도 마음도 힐링이 됩니다.

1）우리 집에 동물이 있어요?

2）강아지가 몇 마리 있어요?

3）아버지가 고양이에게 밥을 줘요?

C 次の会話文を使って、隣の人と話してみましょう。

A：○○ 씨는 김치를 못 먹어요?

B：네, 저는 김치를 못 먹어요.

（または）

아니요, 저는 김치를 잘 먹어요. 좋아해요.

＊김치の他に낫토、생선、복숭아などに置き換えて練習しましょう。

〈動物（동물）〉

動物	鳴き声	動物	鳴き声
개（犬）	멍멍	말（馬）	히힝
고양이（猫）	야옹	돼지（豚）	꿀꿀
소（牛）	음매	호랑이（虎）	어흥
개구리（蛙）	개굴개굴	닭（鶏）	꼬끼오
참새（すずめ）	짹짹	병아리（ひよこ）	삐약삐약

〈乗り物など（탈것）〉

자전거（自転車）	전철（電車）	지하철（地下鉄）
버스（バス）	자동차（自動車）	오토바이（バイク）
열차（列車）	고속철도/KTX（高速鉄道）	배（船）
비행기（飛行機）	우주선（宇宙船）	도보（徒歩）

제 12 과
(십 이)

학교까지 안 멉니까?

▼解説動画

84

겐타 : 수진 씨는 어디에 삽니까?

수진 : 전 시나가와에 살아요.

겐타 : 시나가와에 살면 학교까지 안 멉니까?

수진 : 네, 그다지 멀지 않아요.
전철로 한 시간 정도 걸려요.

겐타 : 그렇구나. 그런데 주말에 보통 뭐 해요?

수진 : 인터넷으로 드라마를 보면서 외국어
공부를 해요.

85

살다	住む
전	私は。저는の縮約形
시나가와	品川
멀다	遠い
그다지	それほど
전철	電車
-로 / 으로	～で（手段・方法）
시간	～時間
정도	程度、くらい
걸리다	かかる
그렇구나	そうなんだ
주말	週末
보통	普通、普段
인터넷	インターネット
드라마	ドラマ
-(으) 면서	～しながら
외국어	外国語

文法

1 ㄹ語幹の用言

語幹末がパッチムㄹで終わる用言を「ㄹ(리을)語幹の用言」という。

■ 特徴

① 母音語幹の用言のように活用する。つまり、子音語幹に「으」がつく語尾や接尾辞がㄹ語幹に結合される場合、ㄹ語幹には、「으」がつかない。
② さらに、ㄹ語幹の後ろに「ㅅ, ㅂ, ㄴ, (パッチム) ㄹ」で始まる語尾や接尾辞がつく場合、語幹末のㄹが落ちる。

〈活用の例〉

ㄹ脱落

基本形	語幹	語尾	活用	語幹	語尾	活用
살다（住む）	살	-면 (～ば)	살면	사	-ㅂ니다 (～です、ます)	삽니다
멀다（遠い）	멀		멀면	머		멉니다
길다（長い）	길		길면	기		깁니다

시나가와에 살면 학교까지 안 멉니까? (品川に住むと学校まで遠くありませんか。)
여동생 머리는 깁니다. (妹の髪は長いです。)

1-1 次のㄹ語幹の用言を活用させてみましょう。

基本形	-(으)면	합니다体：-ㅂ니다.	해요体：-아요/어요.
알다（知る、分かる）	알면	압니다.	알아요.
울다（泣く）			
만들다（作る）			
놀다（遊ぶ）			
달다（甘い）			
힘들다（つらい）			

2 －로/으로　～で（手段・方法）

母音・ㄹで終わる体言	-로	ㄹ以外の子音で終わる体言	-으로

차로 가요.（車で行きます。）　　전철로 옵니까?（電車で来ますか。）
손으로 만들어요.（手で作ります。）

「-(으)로」は、手段・方法を表す「～で」の他に、方向を表す「～へ」の意味でも用いられる。

겨울 방학에는 한국으로 여행을 갑니다.（冬休みには韓国へ旅行に行きます。）

2-1　보기（例）にならって適当な助詞を入れて、読んでみましょう。

보기　버스 → 버스로　　볼펜 → 볼펜으로

1）자전거 →　　2）메일 →

3）인터넷 →　　4）연필 →

3 －(으)면서　～ながら（同時進行）

2つの動作を同時に行うことや、2つの状況がともに存在することを表す。

식사하다（食事する）	식사하	+	면서	→	식사하면서（食事しながら）
읽다（読む）	읽	+	으면서	→	읽으면서（読みながら）
울다（泣く）	울	+	면서	→	울면서（泣きながら）

오빠하고 식사하면서 얘기해요.（兄と食事しながら話します。）
책을 읽으면서 음악을 듣습니다.（本を読みながら音楽を聞きます。）
드라마를 보고 울면서 자요.（ドラマを見て、泣きながら寝ます。）

3-1　보기（例）にならって「-(으)면서 －아요/어요」の文を作り、読んでみましょう。

보기　책을 읽다, 차를 마시다 → 책을 읽으면서 차를 마셔요.

1）단어를 쓰다, 외우다 →

2）밥을 먹다, 티브이를 보다 →

3）전화를 걸다, 걸어가다 →

4）양이 많다, 싸다 →

응용연습 (応用練習)

A 次の文を韓国語で書いて、読んでみましょう。

1) 毎日お弁当を作ります。(합니다体で)

2) イチゴケーキはおいしくてとても甘いです。(합니다体で)

3) ゲームをしながら遊びます。(합니다体で)

4) 広島から福岡まで新幹線で行きます。

5) アルバイトをしながら学校に通います。

B 次の文を読んで、質問に答えてみましょう。 86

저는 요코하마에 삽니다. 대학교까지는 조금 멉니다. 전철로 한 시간 반 정도 걸립니다. 주말 오전에는 공원에서 강아지하고 놉니다. 오후에는 집에서 숙제를 하면서 단어를 외웁니다. 그리고 유튜브로 케이팝 동영상도 가끔 봅니다.

1) 저는 어디에 살아요?

2) 대학교까지는 얼마나 걸려요?

3) 주말에는 뭐 해요? 오전 :

오후 :

C 次のやり取りを隣の人と交わしてみましょう。

1) A : 어디에 살아요? B :

2) A : 집에서 학교까지 얼마나 걸려요? B :

3) A : 주말에는 보통 뭐 해요? B :

제 13 과 (십삼)

겐타 씨는 요리할 수 있어요?

▼解説動画

87

수진： 겐타 씨는 요리할 수 있어요?

겐타： 네, 저는 요리를 좋아해서 자주 만들어요.

수진： 그래요? 뭐 잘 만들어요?

겐타： 카레를 잘 만들어요.

수진： 와~ 카레! 저도 카레라이스를 좋아해요.

겐타： 수진 씨는 요리를 잘해요?

수진： 아뇨, 전 잘 못하지만 잘 먹어요.

88

요리하다	料理する
-(으) ㄹ 수 있다 / 없다	～ことができる／できない
좋아하다	好きだ。「～が好きだ」は「-를 / 을 좋아하다」
만들다	作る
잘	よく、上手く
카레	カレー
카레라이스	カレーライス
잘하다	上手だ
아뇨	いいえ。아니요の縮約形
못하다	できない、下手だ
- 지만	～が、けど

文法

1 −(으)ㄹ 수 있다/없다　～ことができる／できない（可能・不可能）

「−(으)ㄹ 수 있다」は、「～ことができる」という可能を、「−(으)ㄹ 수 없다」は、「～ことができない」という不可能を表す。
母音語幹には、「−ㄹ 수 있다/없다」、子音語幹には「−을 수 있다/없다」がつく。また、ㄹ語幹は、語幹末の「ㄹ」が落ちてから、「−ㄹ 수 있다/없다」がつく。

오다（来る）	오	+	**ㄹ 수 있다/없다**	→	올 수 있다/없다 （来ることができる／できない）
찾다（探す）	찾	+	**을 수 있다/없다**	→	찾을 수 있다/없다 （探すことができる／できない）
만들다（作る）	만드 （ㄹ脱落）	+	**ㄹ 수 있다/없다**	→	만들 수 있다/없다 （作ることができる／できない）

내일 일찍 올 수 있어요?（明日早く来られますか。）
책을 찾을 수 없습니다.（本を探すことができません。）
카레라이스를 만들 수 있습니다.（カレーライスを作ることができます。）

1-1　보기（例）ならって文を作り、読んでみましょう。

보기 영화／보다　→　영화를 볼 수 있어요.／없어요.

1）한국어／말하다　→

2）커피／마시다　→

3）택배／받다　→

4）사람 마음／알다　→

2 −를/을 좋아하다　～が好きだ

日本語の「～が好きだ」は、「−를/을 좋아하다」を用いる。また、「～が嫌いだ」は「−를/을 싫어하다」と表現する。**助詞に注意！**

한국 음악을 좋아해요?（韓国の音楽が好きですか。）
제 여동생은 당근을 싫어해요.（私の妹はにんじんが嫌いです。）

また、日本語の「~が上手だ/下手だ」は、「-를/을 잘하다/못하다」を用いる。

겐타 씨는 요리를 잘해요?（ケンタさんは料理が上手ですか。）
한글 받침 발음을 잘 못해요.（ハングルパッチムの発音が上手くできません。）

2-1 보기（例）になって文を作り、読んでみましょう。

보기	한국 음악／좋아하다	→	한국 음악을 좋아해요.

1）아이돌／좋아하다 →

2）운동／싫어하다 →

3）게임／잘하다 →

4）거짓말／못하다 →

3 -지만　~が、~けど（逆接）

「-지만」は、「~が、~けど」などの逆接の意味を表す。語幹に直接「-지만」がつく。

오다（来る）	오	+	**지만**	→	오지만（来るけど）
맛있다（おいしい）	맛있	+	**지만**	→	맛있지만（おいしいが）

오늘은 오지만 내일은 오지 않습니다.（今日は来るけど、明日は来ません。）
이 요리는 맛있지만 비싸요.（この料理はおいしいですが、高いです。）

3-1 보기(例)にならって「-지만 -아요/어요」の文を作り、読んでみましょう。

보기	잘 못하다, 잘 먹다	→	잘 못하지만 잘 먹어요.

1）비싸다, 좋다 →

2）한국 사람이다, 일본어를 잘하다 →

3）자원봉사가 힘들다, 재미있다 →

4）선생님은 있다, 학생은 없다 →

응용연습 （応用練習）

A 次の文を韓国語で書いて、読んでみましょう。

1）ハングルを書くことができます。

2）私は着物を着ることができません。

3）猫がとても好きです。

4）上手くできないけど、たまに作ります。

5）あの先輩は野球が上手ですか。

B 次の文を読んで、質問に答えてみましょう。 89

주말에는 어머니와 함께 요리를 합니다. 어머니는 한국 요리를 좋아해서 불고기나 파전을 자주 만듭니다. 어머니가 요리를 하고 저는 샐러드를 준비합니다. 저는 야채를 좋아하지만 양배추는 싫어합니다.

1）주말에 뭐 해요?

2）어머니는 무엇을 자주 만들어요?

3）저는 양배추를 좋아해요?

C 次のやり取りを隣の人と交わしてみましょう。（p.109料理を参考に）

1）A：요리할 수 있어요?　　B：

2）A：요리는 뭐 좋아해요?　　B：

제 14 과 (십 사) 선생님 지금 뭐 하세요?

▼解説動画

90

수　진：선생님, 지금 뭐 하세요?

선생님：수업 자료를 만들고 있어요.

수　진：오늘 수업이 많이 있으세요?

선생님：아뇨, 없어요. 수진 학생은 뭐 해요?

수　진：동아리에 가요.
선생님은 일찍 집에 가십니까?

선생님：네, 오늘은 우리 딸 생일이라서 이따가 선물 사러 가요.

91

선생님	先生
-(으) 시다	用言の尊敬形
자료	資料
많이	たくさん
없다	ない
동아리	サークル
일찍	早く
우리	うちの、私の
딸	娘
-(이) 라서	（体言＋）なので
선물	プレゼント、贈り物
사다	買う
-(으) 러	～しに（目的）

文法

1 -(으)시다　お～になる、～れる・られる〈尊敬形〉

「-(으)시다」は、尊敬の意味を表し、母音語幹には「-시다」、子音語幹には「-으시다」がつく。また、ㄹ語幹の用言は、語幹末の「ㄹ」が落ちてから、「-시다」がつく。

語幹の種類	基本形	語幹	尊敬の語尾 -(으)시다	尊敬形
母音語幹	오다（来る）	오	**-시다**	오시다（来られる）
子音語幹	받다（受取る）	받	**-으시다**	받으시다(お受取りになる)
ㄹ語幹	알다（知る）	아(ㄹ脱落)	**-시다**	아시다（ご存じだ）

尊敬形の합니다体は「-(으)십니다.」「-(으)십니까?」、해요体は「-(으)세요.」「-(으)세요?」となる。

基本形	語幹	尊敬形の합니다体 -(으)십니다.	尊敬形の해요体 -(으)세요.
오다（来る）	오	오십니다.	오세요.
받다（受取る）	받	받으십니다.	받으세요.
알다（知る）	아(ㄹ脱落)	아십니다.	아세요.

언제 오십니까?（いつ来られますか。）
학생들의 질문을 받으십니다.（学生たちの質問をお受けになります。）
경주를 아세요?（慶州をご存知ですか。）

1-1 用言を尊敬形にし、尊敬形の합니다体と해요体に活用させてみましょう。

基本形	意味	-(으)시다	-(으)십니다.	-(으)세요.
가다				
보다				
좋다				
있다	ある			
없다	ない			
울다				

第14課

1-2 **보기（例）にならって、尊敬形に変えて読んでみましょう。**

> **보기** 운동을 잘합니다. → 운동을 잘하십니다.

1）편지를 씁니다. →

2）신문을 읽습니다. →

3）여행을 좋아해요. →

4）창문을 열어요. →

特殊な尊敬語

用言	尊敬語	합니다体	해요体
있다（いる）	계시다（いらっしゃる）	계십니다	계세요
없다（いない）	안 계시다（いらっしゃらない）	안 계십니다	안 계세요
먹다（食べる） 마시다（飲む）	드시다, 잡수시다 （召し上がる）	드십니다, 잡수십니다	드세요, 잡수세요
자다（寝る）	주무시다（お休みになる）	주무십니다	주무세요

助詞にも尊敬の意味が含まれた単語がある。

－가/이 → －께서（～が）、－는/은 → －께서는（～は）、－에게/한테 → －께（～に）

선생님께서는 학교에 계십니다.（先生は学校にいらっしゃいます。）

할아버지께서 차를 드세요.（おじいさんがお茶を召し上がります。）

1-3 **보기（例）にならって、特殊な尊敬語に変えて読んでみましょう。**

> **보기** 할아버지가 공원에 있어요. → 할아버지께서 공원에 계세요.

1）어머니가 라면을 먹습니다. →

2）할머니가 방에서 자요. →

3）선생님은 어디에 있습니까? →

4）아버지는 집에 없어요? →

2 -(으)러　～しに（目的）

「-(으)러」は、動作の目的を表す。母音語幹には「-러」、子音語幹には「-으러」がつく。また、ㄹ語幹には、「-으러」ではなく「-러」がつく。なお、語幹末の「ㄹ」は落ちない。

사다（買う）	사	+	러	→	사러（買いに）
먹다（食べる）	먹	+	으러	→	먹으러（食べに）
놀다（遊ぶ）	놀	+	러	→	놀러（遊びに）

편의점에 콜라를 사러 갑니다.（コンビニにコーラを買いに行きます。）
오늘은 불고기를 먹으러 가요.（今日はプルゴギを食べに行きます。）
사촌이 내일 놀러 와요.（いとこが明日遊びに来ます。）

2-1 **보기（例）にならって文を作り、読んでみましょう。**

보기　선물／사다／가다　→　선물을 사러 가요.

1）자전거／타다／가다　→

2）검도／배우다／다니다　→

3）우편물／찾다／가다　→

4）가방／만들다／오다　→

〈職業（직업）〉

회사원（会社員）	**공무원**（公務員）	**교사**（教師）
의사（医者）	**간호사**（看護師）	**요리사**（コック）
엔지니어（エンジニア）	**경찰관**（警察官）	**주부**（主婦）
미용사（美容師）	**보육교사**（保育士）	**자영업**（自営業）
학생（学生）	**가수**（歌手）	**배우**（俳優）

응용연습 （応用練習）

 次の文を韓国語で書いて、読んでみましょう。

1）どちらへ行かれますか。

2）後で本を買いに書店に行きます。

3）ご両親は北海道に住んでいらっしゃいますか。

4）先生は学校にいらっしゃいません。

5）あの方をご存知ですか。

B 次の文を読んで、質問に答えてみましょう。 92

아버지는 한국 드라마를 좋아하십니다. 특히 사극 드라마를 자주 보십니다. 이번 방학에는 아버지와 함께 역사 탐방을 하러 한국의 경주에 갑니다. 문화 유적도 보고 드라마 촬영지도 구경하고 아주 기대가 됩니다.

1）아버지는 뭘 좋아하세요?

2）우리는 경주에 왜 가요?

3）경주에서는 뭐 해요?

 隣の人とやり取りをして、答えを表に書いてみましょう。

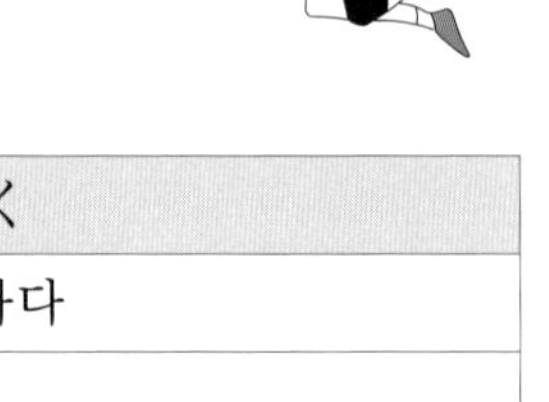

A：수업이 끝나면 뭐 하세요?
（授業が終わったら何をなさいますか。）

B：체육관에 운동하러 가요.
（体育館に運動しに行きます。）

	名前	どこに	何しに行く
1	B	체육관	운동하러 가다
2			
3			

〈料理 (요리)〉

韓国料理	갈비, 불고기, 삼겹살, 비빔밥, 삼계탕, 순두부찌개, 김치찌개, 잡채, 치즈 닭갈비, 김밥, 치킨, 파전, 호떡, 떡볶이, 한정식(韓定食), 족발(豚足)…
和食	스시, 덴푸라, 스키야키, 소바, 오코노미야키, 다코야키, 오뎅…
中華料理	자장면(ジャージャー麺), 탕수육(酢豚), 짬뽕(チャンポン), 볶음밥(チャーハン), 군만두(焼き餃子)…
洋食	스파게티, 리조토, 햄버거, 비프스테이크, 피자, 샐러드…

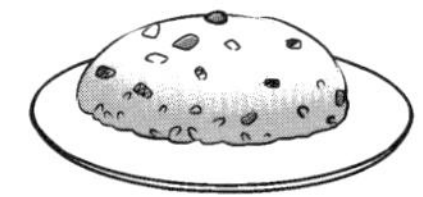

〈飲み物 (마실 것)〉

음료수(飲み物)	우유(牛乳)	주스(ジュース)
콜라(コーラ)	사이다(サイダー)	커피(コーヒー)
녹차(緑茶)	홍차(紅茶)	유자차(ゆず茶)
보리차(麦茶)	물(水)	생수(ミネラルウォーター)

제 15 과 (십오)

후배랑 같이 뮤지컬을 봤습니다.

▼解説動画

93

수진： 지난 주말에 뭐 했어요?

겐타： 후배랑 같이 뮤지컬을 봤습니다.

수진： 뮤지컬 어땠어요?

겐타： 참 재미있었어요.
무대도 멋있고 배우들 연기도 좋았어요.

수진： 와, 그래요? 저도 보고 싶어요.
근데 뮤지컬 제목이 뭐예요?

겐타： "진짜! 좋아해요!!"

94

지난 주말	先週末
–았다 / 었다	用言の過去形
후배	後輩
뮤지컬	ミュージカル
어땠어요?	どうでしたか
참	とても、本当に
무대	舞台
멋있다	素晴らしい、カッコいい
배우	俳優
연기	演技
–고 싶다	～たい
근데	ところで。그런데の縮約形
제목	題目、タイトル
진짜	本当に、めっちゃ

文法

1 -았다/었다　～た〈過去形〉

「-았다/었다」は過去の意味を表し、語幹末の母音が「ㅏ, ㅗ, ㅑ」のときは、語幹に「-았다」がつき、それ以外の母音には「-었다」がつく。また、하다用言の場合には「-였다」がつく。

語幹末の母音	基本形	語幹	過去の語尾	過去形
ㅏ, ㅗ, ㅑ	좋다（良い）	좋	-았다	좋았다（良かった）
	가다（行く）	가		갔다（行った）
ㅏ, ㅗ, ㅑ 以外	먹다（食べる）	먹	-었다	먹었다（食べた）
	배우다（習う）	배우		배웠다（習った）
하다用言	하다（する）	하	-였다	하였다/했다（した）

하다用言の過去形하였다は硬い文書に用いられ、通常、했다が多用される。

過去形の합니다体は「-았/었습니다.」「-았/었습니까?」、해요体は「-았/었어요.」「-았/었어요?」となる。

基本形	語幹	過去形の합니다体：-았/었습니다.	過去形の해요体：-았/었어요.
좋다（良い）	좋아	좋았습니다.	좋았어요.
가다（見る）	가	갔습니다.	갔어요.
먹다（食べる）	먹	먹었습니다.	먹었어요.
배우다（習う）	배워	배웠습니다.	배웠어요.
하다（する）	하	했습니다.	했어요.

노래가 참 좋았습니다.（歌がとても良かったです。）
학교에서 배웠어요.（学校で習いました。）
어제 뭐 했어요?（昨日何をしましたか。）

1-1 用言を過去形にし、過去形の합니다体と해요体に活用させてみましょう。

基本形	意味	－았/었다	－았/었습니다.	－았/었어요.
많다				
읽다				
오다				
다니다				
사랑하다				
재미있다				

指定詞の過去形

	－이다（～だ）		아니다（～ではない）	
	합니다体	해요体	합니다体	해요体
母音で終わる体言 パッチム無	－였습니다.	－였어요.	－가 아니었습니다.	－가 아니었어요.
子音で終わる体言 パッチム有	－이었습니다.	－이었어요.	－이 아니었습니다.	－이 아니었어요.

경치가 최고였어요.（景色が最高でした。）
어제는 화요일이었습니다.（昨日は火曜日でした。）
옛날에는 도쿄가 아니었어요.（昔は東京ではありませんでした。）

1-2 보기（例）にならって、過去形の文を作ってみましょう。（適宜助詞選択）

보기 비빔밥／먹다 → 비빔밥을 먹었어요.

1）선물／받다 →

2）한국어／공부하다 →

3）친구／가수이다 →

4）도서관／아니다 →

2 -고 싶다　～たい（願望）

「-고 싶다」は、願望表現である。日本語では「～が ～たい」と表現する場合が多いが、韓国語では、通常「-를/을 -고 싶다」の表現が用いられる。

가다（行く）	가	+	고 싶다	→	가고 싶다（行きたい）
먹다（食べる）	먹	+	고 싶다	→	먹고 싶다（食べたい）

시간이 있으면 한국에 가고 싶습니다.（時間があれば韓国に行きたいです。）
떡볶이를 먹고 싶어요.（トッポッキが食べたいです。）

第15課

2-1 보기（例）にならって文を作り、読んでみましょう。

보기 유학／가다　→　유학을 가고 싶어요.

1）노래／부르다 →

2）소설／읽다 →

3）청바지／사다 →

4）제목／알다 →

〈建物（건물）・場所（장소）〉

역（駅）	회사（会社）	공항（空港）
호텔（ホテル）	약국（薬局）	정류장（停留所）
은행（銀行）	우체국（郵便局）	화장실（トイレ）
편의점（コンビニ）	서점（書店）	영화관（映画館）
미용실（美容室）	가게（お店）	노래방（カラオケ）

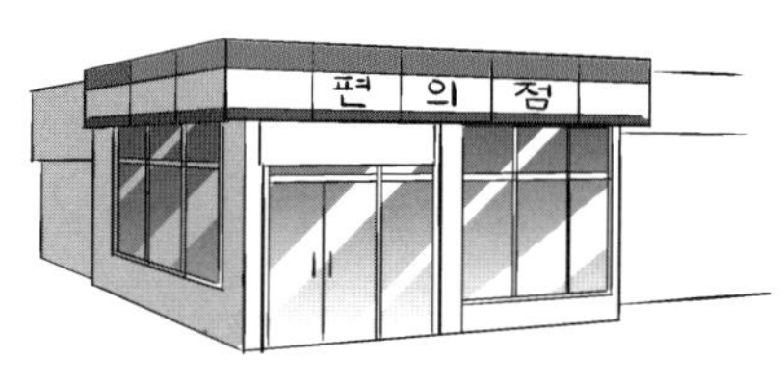

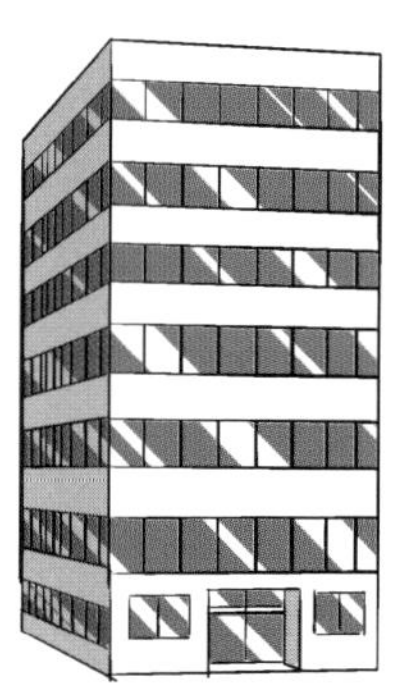

응용연습 (応用練習)

A 次の文を韓国語で書いて、読んでみましょう。

1）土曜日には何を食べましたか。

2）昨日は10時までアルバイトをしました。

3）誕生日プレゼントをもらいたいです。

4）ソウルに遊びに行きたいです。

5）姉と一緒に映画を見ました。

B 次の文を読んで、質問に答えてみましょう。 95

지난달에는 가족이랑 같이 다카오산에 갔어요. 케이블카를 타고 올라갔어요. 경치가 최고였어요. 도시락도 먹고 사진도 많이 찍었어요. 내년 봄에는 꼭 한국의 설악산에 등산하러 가고 싶어요. 봄이 빨리 왔으면 좋겠습니다.

＊－았/었으면 좋겠다：～したらよい

1）다카오산에 언제 갔어요?

2）다카오산에서는 뭐 했어요?

3）내년 봄에는 뭐 하고 싶어요?

C 次のやり取りを隣の人と交わしてみましょう。

1）A：지난 주말에는 뭐 했어요?　B：

2）A：요즘 어떤 영화를 봤어요?　B：

3）A：방학에는 뭐 하고 싶어요?　B：

〈家族（가족）の名称〉

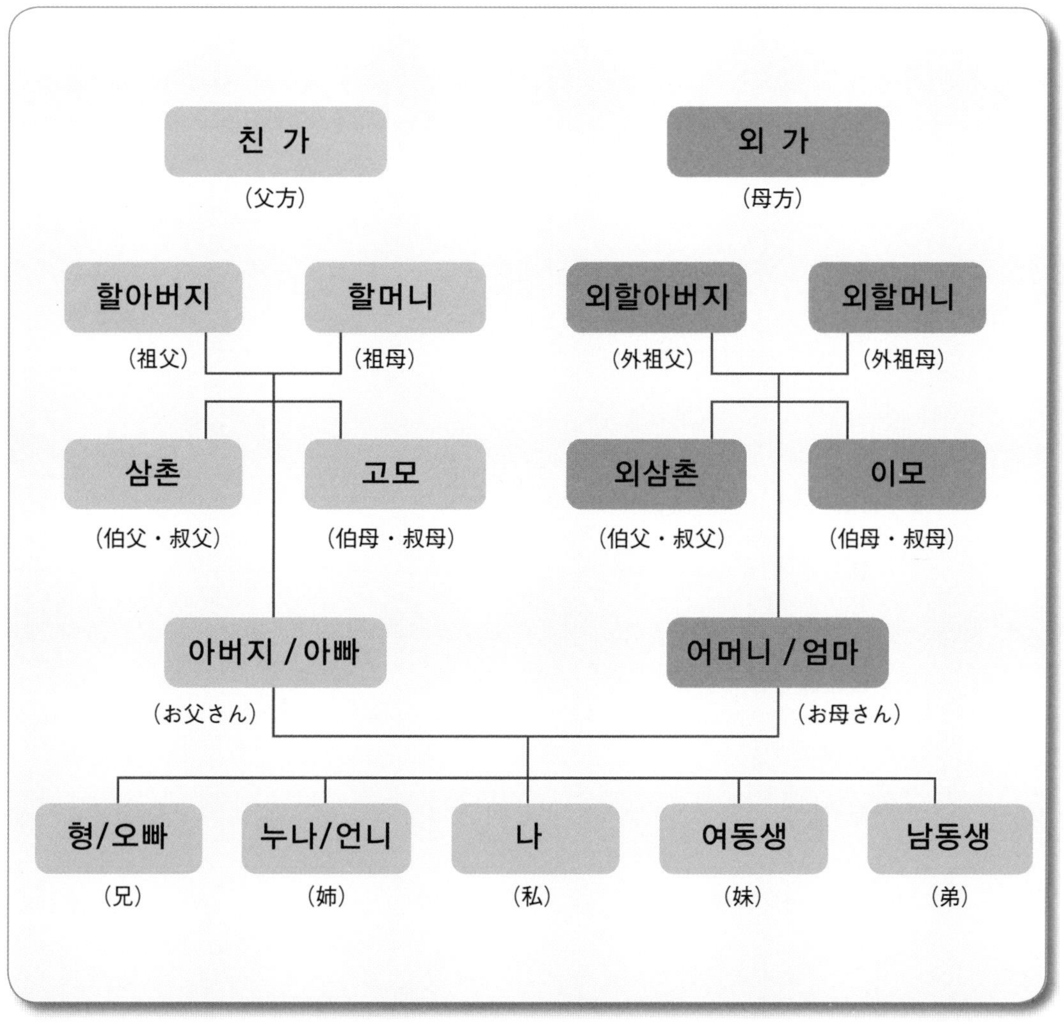

第15課

助詞のまとめ

<table>
<tr><th></th><th colspan="2"></th><th>母音で終わる体言</th><th>子音で終わる体言</th><th>参考</th></tr>
<tr><td>は</td><td colspan="2"></td><td>는</td><td>은</td><td>第1課</td></tr>
<tr><td>が</td><td colspan="2"></td><td>가</td><td>이</td><td>第3課</td></tr>
<tr><td>を</td><td colspan="2"></td><td>를</td><td>을</td><td>第4課</td></tr>
<tr><td>も</td><td colspan="2"></td><td colspan="2">도</td><td>第2課</td></tr>
<tr><td>の</td><td colspan="2"></td><td colspan="2">의</td><td>第1課</td></tr>
<tr><td>だけ</td><td colspan="2"></td><td colspan="2">만</td><td>第3課</td></tr>
<tr><td rowspan="3">と</td><td colspan="2" rowspan="2">話しことば</td><td colspan="2">하고</td><td>第5課</td></tr>
<tr><td>랑</td><td>이랑</td><td>第5・9課</td></tr>
<tr><td colspan="2">書きことば</td><td>와</td><td>과</td><td>第5課</td></tr>
<tr><td rowspan="2">で</td><td colspan="2">手段・方法</td><td>로*</td><td>으로</td><td>第12課</td></tr>
<tr><td colspan="2">場所</td><td colspan="2">에서</td><td>第5課</td></tr>
<tr><td rowspan="3">に</td><td colspan="2">場所・もの・時間</td><td colspan="2">에</td><td>第3課</td></tr>
<tr><td rowspan="2">人・動物</td><td>書きことば</td><td colspan="2">에게</td><td>第11課</td></tr>
<tr><td>話しことば</td><td colspan="2">한테</td><td>第11課</td></tr>
<tr><td rowspan="2">から</td><td colspan="2">時間・順序</td><td colspan="2">부터</td><td>第7課</td></tr>
<tr><td colspan="2">場所</td><td colspan="2">에서</td><td>第7課</td></tr>
<tr><td>まで</td><td colspan="2">時間・場所</td><td colspan="2">까지</td><td>第7課</td></tr>
<tr><td>へ</td><td colspan="2">方向</td><td>로*</td><td>으로</td><td>第12課</td></tr>
</table>

＊ㄹで終わる体言は、로を用いる。

文法表現のまとめ

韓国語	日本語	参考
－고	～て（並列）	第8課
－고 싶다	～たい（願望）	第15課
－고 있다	～ている（進行・継続）	第10課
못＋動詞	～できない（不可能）	第11課
－ㅂ니까/습니까?	～ですか、ますか	第4課
－ㅂ니다/습니다	～です、ます	第4課
－지만	～が、けど（逆接）	第13課
－지 않다	～ない（後置否定）	第5課
－(으)ㄹ 수 있다/없다	～ことができる／できない（可能・不可能）	第13課
－(으)러	～しに（目的）	第14課
－(으)면	～ば、～たら（条件・仮定）	第9課
－(으)면서	～ながら（同時進行）	第12課
－(으)시다	用言の尊敬形	第14課
－(으)십니다	お～になります、～られます	第14課
－(으)세요	お～になります、～られます	第14課
－아서/어서	～ので、～て（原因・動作の先行）	第10課
－아요/어요	～です、ます	第8～10課
－아요/어요?	～ですか、ますか	第8～10課
안＋用言	～ない（前置否定）	第11課
－았다/었다	用言の過去形	第15課
－았/었습니다	～ました、でした	第15課
－았/었어요	～ました、でした	第15課

索引

（韓国語→日本語）

ㄱ

-가　～が
가끔　たまに
가다　行く
가방　かばん
가수　歌手
가위　ハサミ
가정의 달　家庭の月
가족　家族
가짜　偽物
감기　風邪
감기에 걸리다　風邪を引く
감사합니다　ありがとうございます
감상　観賞
값　値段
강남역　江南駅
강아지　子犬
같이　一緒に
개　～個
개구리　カエル
거기　そこ
거짓말　嘘
건물　建物
걸다　かける
걸리다　かかる、（風邪を）引く
걸어가다　歩いていく
검도　剣道
것　もの
게임　ゲーム
겨울　冬
겨울 방학　冬休み
결혼　結婚
경주　慶州〈地名〉
경찰관　警察官
경치　景色
계기　きっかけ
계시다　いらっしゃる
고기　肉
고등학교　高校
고등학생　高校生
고마워　ありがとう
고양이　猫
고추　唐辛子
곧　すぐ、すぐに
공　零（0）、ゼロ
공부　勉強
공부하다　勉強する
공원　公園
공책　ノート
-과　～と
과자　お菓子
괜찮다　大丈夫だ
괜찮아요　大丈夫です、結構です
교과서　教科書
교시　～時限
교실　教室
교토　京都〈地名〉
구　九
구경하다　見物する
구두　靴
구월　九月
국내　国内
굳이　あえて
권　～冊
귀　耳
귤　みかん
그　その
그거　それ
그것　それ
그다지　それほど
그래서　それで
그래요?　そうですか
그러나　しかし
그런데　ところで
그럼　では、じゃ

그렇게　そのように、そんなに
그렇구나　そうなんだ
그리고　そして
근데　ところで
근처　近所、近く
금요일　金曜日
기념일　記念日
기다리다　待つ
기대가 되다　楽しみだ
기모노　着物
긴장되다　緊張する
길다　長い
김치　キムチ
－까지　～まで
－께　～に〈尊敬〉
－께서　～が〈尊敬〉
－께서는　～は〈尊敬〉
꼭　必ず、ぜひ
꽃　花
꽃잎　花びら
끝나다　終わる

ㄴ

나　私
나라　国
나오다　出る
날씨　天気
남동생　弟
낫토　納豆
내년　来年
내다　出す
내리다　降る
내일　明日
너무　あまりに、とても
넣다　入れる
네　ええ、はい
네　四つの
넷　四つ
년　～年
노래　歌
노래방　カラオケ
놀다　遊ぶ
높다　高い
누가　誰が
누구　誰
누나　（弟からみて）姉、お姉さん
눈　雪
－는　～は
늦게　遅く

ㄷ

다니다　通う
다섯　五つ
다카오산　高尾山〈山名〉
단어　単語
닫히다　閉まる
달　月
달다　甘い
닭　鶏
담요　毛布
답장　返事
당근　にんじん
대신　代わりに
대표　代表
대학교　大学
대학생　大学生
덥다　暑い
－도　～も
도서관　図書館
도시락　お弁当
도쿄　東京〈地名〉
동물　動物
동생　弟、妹
동아리　サークル
동영상　動画
돼지　豚
돼지고기　豚肉
되다　なる

두　二つの
두부　豆腐
둘　二つ
뒤　後ろ
드라마　ドラマ
드레스　ドレス
드시다　召し上がる
듣다　聞く
-들　~たち
등산하다　登山する
따로　別々に
딸　娘
딸기　イチゴ
떡볶이　トッポッキ
또　また

ㄹ

-라고 합니다　~と申します
라디오　ラジオ
라면　ラーメン
라인　LINE
-랑　~と
런던　ロンドン〈地名〉
-로　~で〈手段・方法〉
-로　~へ
-를　~を

ㅁ

마리　~匹
마시다　飲む
마음　心
마흔　四十
-만　~だけ
만　万
만나다　会う
만나서 반갑습니다　お会いできて嬉しいです
만들다　作る
많다　多い
많이　たくさん
말하다　話す
맛있다　おいしい
맞아요　そうです、その通りです
매일　毎日
매점　売店
머리　頭、髪
먹다　食べる
멀다　遠い
멋있다　カッコいい、素晴らしい
메모　メモ
메일　メール
며칠　何日
명　~人
몇　何（+助数詞）
몇 년생　何年生まれ
모이다　集まる
모자　帽子
목요일　木曜日
몸　体
못　~できない
못하다　できない、下手だ
무늬　模様
무대　舞台
무료　無料
무슨　何の
무슨 요일　何曜日
무엇　何
문화　文化
물　水
뭐　何、何を
뭘　何を
뮤지컬　ミュージカル
미닫이　引き戸
미라이대학교　未来大学
미안해　ごめん

ㅂ

바다　海
밖　外

반　半
받다　受け取る、もらう、受ける
받침　パッチム
발음　発音
밟다　踏む
밤　夜
밥　ご飯
방　部屋
방탄소년단　BTS
방학　学校の長期休み
배우　俳優
배우다　習う
백　百
버스　バス
번　～番、～回
번호　番号
보내다　送る
보다　見る、会う
보통　普通、普段
복숭아　桃
볼펜　ボールペン
봄　春
부르다　歌う
부모님　両親
부산　釜山〈地名〉
-부터　～から〈時間・順序〉
분　方
분　～分
불고기　プルコギ
비　雨
비빔밥　ビビンバ
비싸다　（値段が）高い
빨리　早く
빵　パン

ㅅ

사　四
사과　りんご
사극　時代劇
사다　買う
사람　人
사랑　愛
사랑하다　愛する
사월　四月
사의　辞意
사전　辞書
사진　写真
사진 찍기　写真を撮ること
사촌　いとこ
사회학　社会学
사회학과　社会学科
산책　散歩
산책하다　散歩する
살　～歳(才)
살다　住む、暮らす
삶　人生
삼　三
삼월　三月
샅샅이　くまなく
샐러드　サラダ
생선　魚
생일　誕生日
서다　立つ
서른　三十
서울　ソウル〈地名〉
서울역　ソウル駅
서점　書店
선물　プレゼント、贈り物
선배　先輩
선생님　先生
설날　元旦
설악산　雪岳山〈山名〉
세　三つの
세다　数える
셋　三つ
소개　紹介
소설　小説
손　手

쇼핑　ショッピング
수박　すいか
수업　授業
수요일　水曜日
숙제　宿題
순두부찌개　スンドゥブチゲ
숟가락　スプーン
쉰　五十
스마트폰　スマートフォン
스무　二十の
스물　二十
스승의 날　教師の日
시　～時
시간　～時間、時間
시계　時計
시나가와　品川〈地名〉
시부야　渋谷〈地名〉
시월　十月
시작되다　始まる
시험　試験
식당　食堂
식사　食事
식사하다　食事する
신문　新聞
신주쿠　新宿〈地名〉
신칸센　新幹線
실내　室内
싫다　嫌だ
싫어하다　嫌う、嫌いだ
싫어해요　嫌いです
십　十
십육　十六
십이월　十二月
십일월　十一月
싸다　安い
쓰다　書く
쓰레기　ごみ
씨　～さん、～氏

ㅇ

아뇨　いいえ
(-가/이) 아니다　～ではない
아니에요　いいえ
아니요　いいえ
아래　下
아르바이트　アルバイト
아마　たぶん
아버지　お父さん、父
아이　子供
아이돌　アイドル
아저씨　おじさん
아주　とても
아직　まだ
아침　朝、朝食
아홉　九つ
아흔　九十
안　～ない
안　中
안 계시다　いらっしゃらない
안경　メガネ
안녕　さようなら〈タメ語〉
안녕?　こんにちは〈タメ語〉
안녕하세요?　こんにちは
안녕하십니까?　こんにちは
안녕히 가세요　(去って行く人に対して) さようなら
안녕히 계세요　(留まる人に対して) さようなら
알다　知る、分かる
-았으면 좋겠다　～たらよい
앞　前
애　子供
애매　曖昧
야구　野球
야외　野外
야채　野菜
약속　約束
얇다　薄い
양　量

양배추　キャベツ
얕다　浅い
얘기　話
얘기하다　話す
어　うん
어느　どの
어느 거　どれ
어느 것　どれ
어디　どこ、どちら
어땠어요?　どうでしたか
어떤　どんな
어렵다　難しい
어린이날　子供の日
어머니　お母さん、母
어버이날　両親の日
어제　昨日
언니　（妹からみて）姉、お姉さん
언제　いつ
얼마나　どれくらい
얼음　氷
없다　ない、いない
－었으면 좋겠다　～たらよい
－에　～に〈場所・もの・時間〉
－에게　～に〈人・動物〉
－에서　～で〈場所〉、～から〈場所〉
에이　A
엔　～円
여기　ここ
여덟　八つ
여동생　妹
여든　八十
여섯　六つ
여자　女性
여행　旅行
역　駅
역사　歴史
연기　演技
연락　連絡
연필　鉛筆
열　十
열다　開ける
영　零（0）、ゼロ
영어　英語
영화　映画
영화관　映画館
예　はい
예뻐요　かわいいです
예쁘다　かわいい、綺麗だ
예순　六十
－예요　～です
－예요?　～ですか
예의　礼儀
옛날　昔
오　五
오늘　今日
오다　来る、降る
오랜만　久しぶり
오빠　（妹からみて）兄、お兄さん
오사카　大阪〈地名〉
오월　五月
오이　きゅうり
오전　午前
오후　午後
올라가다　登る
올챙이　オタマジャクシ
옷　服
－와　～と
와이파이　Wi-Fi
왜　なぜ
왜요?　なぜですか
외국　外国
외국어　外国語
외우다　覚える
요리　料理
요리하다　料理する
요일　曜日
요즘　最近
요코하마　横浜〈地名〉

우동　うどん
우리　私たち、うちの、私の
우리 집　我が家
우아　優雅
우애　友愛
우유　牛乳
우편물　郵便物
운동　運動
운동하다　運動する
울다　泣く
웃다　笑う
원　~ウォン
월　~月
월요일　月曜日
웨이브　ウェーブ
위　上
유월　六月
유적　遺跡
유튜브　YouTube
유학　留学
유학생　留学生
육　六
-으러　~しに〈目的〉
-으로　~で〈手段・方法〉
-으로　~へ
-으면　~たら、~ば
-으면서　~しながら
-으시다　お~になる、~れる・られる
-은　~は
-을　~を
-을 수 없다　~ことができない
-을 수 있다　~ことができる
음악　音楽
응　うん
-의　~の
의미　意味
의사　医師
의자　椅子
-이　~が
이　この
이　二
이거　これ
이것　これ
-이다　~だ
이따가　後で
-이라고 합니다　~と申します
-이라서　~なので〈体言〉
-이랑　~と
이름　名前
이번　今度の
이번 주말　今週末
-이에요　~です
-이에요?　~ですか
이월　二月
인터넷　インターネット
일　一
일　~日
일 년　一年
일곱　七つ
일본　日本
일본 사람　日本人
일본어　日本語
일어나다　起きる
일요일　日曜日
일월　一月
일주일　一週間
일찍　早く
일흔　七十
읽다　読む
읽어요　読みます
-입니까?　~ですか
-입니다　~です
입다　着る
입학　入学
있다　ある、いる

ㅈ

자꾸　しきりに

자다　寝る
자료　資料
자원봉사　ボランティア
자전거　自転車
자주　しょっちゅう
잔　～杯
잘　よく、上手く
잘 먹겠습니다　いただきます
잘 먹었습니다　ごちそうさまでした
잘하다　上手だ
잡수시다　召し上がる
잡지　雑誌
잡채　チャプチェ
장　～枚
재미있다　面白い、楽しい
저　あの
저　私
저거　あれ
저것　あれ
저기　あそこ
저녁　夕方、夕食
전　私は
전공　専攻
전공하다　専攻する
전람회　展覧会
전철　電車
전화　電話
점심　昼、昼食
젓가락　箸
정도　程度、くらい
정문　正門
제　私の
제로　ゼロ、零（0）
제목　題目、タイトル
조금　少し
좁다　狭い
좋다　良い
좋아　好き
좋아하다　好む、好きだ
좋아해요　好きです
좋지　良いとも
죄송합니다　申し訳ありません
주다　あげる、くれる
주로　主に
주말　週末
주무시다　お休みになる
주스　ジュース
주의　注意
준비하다　準備する、用意する
-지 않다　～ない
지갑　財布
지금　今
지난 주말　先週末
지난달　先月
지우개　消しゴム
지혜　知恵
직행　直行
진짜　本当に、本物
질문　質問
집　家
-쯤　頃
찌개　鍋物
찍다　撮る

ㅊ

차　お茶
차　車
참　とても、本当に
창문　窓
찾다　探す、取る
책　本
책상　机
처음　初めて
천　千
천만에요　どういたしまして
청바지　ジーパン
초　～秒
촬영지　ロケ地

최고　最高
축하　お祝い
축하합니다　おめでとうございます
치다　弾く
친구　友達
친절하다　親切だ
칠　七
칠월　七月
침대　ベッド

ㅋ

카레　カレー
카레라이스　カレーライス
커피　コーヒー
컴퓨터　コンピュータ
케이블카　ケーブルカー
케이크　ケーキ
케이팝　K-POP
켜다　つける
코　鼻
콘서트　コンサート
콜라　コーラ
크다　大きい
크리스마스　クリスマス
키우다　飼う

ㅌ

타다　乗る
탐방　探訪
태도　態度
택배　宅配
토끼　うさぎ
토요일　土曜日
특히　特に
티브이(TV)　テレビ
티켓　チケット

ㅍ

파리　パリ〈地名〉
파전　ねぎのチヂミ
팔　八
팔월　八月
팝콘　ポップコーン
편의점　コンビニ
편지　手紙
평일　平日
포도　ぶどう
피다　咲く
피아노　ピアノ
필통　筆箱

ㅎ

-하고　〜と
하나　一つ
하다　する
하루　一日
학교　学校
학년　〜年生
학문　学問
학생　学生
학생 식당　学生食堂
한　一つの
한국　韓国
한국 사람　韓国人
한국 요리　韓国料理
한국어　韓国語
한글　ハングル
한글날　ハングルの日
한류　韓流
한복　韓服
한일　韓日
한입　一口
-한테　〜に〈人・動物〉
할머니　おばあさん、祖母
할아버지　おじいさん、祖父
함께　一緒に
합격　合格
해돋이　日の出

햇볕　太陽の光
헬스클럽　スポーツジム
형　(弟からみて) 兄、お兄さん
호　～号
혼자서　一人で
화요일　火曜日
회사원　会社員
후배　後輩
후지산　富士山〈山名〉
후쿠오카　福岡〈地名〉
휴일　休日
히로시마　広島〈地名〉
힐링　ヒーリング (Healing)、癒し
힐링이 되다　癒される
힘들다　つらい

索引

(日本語→韓国語)

あ

上手く　잘
海　바다
うん　어, 응
運動　운동
運動する　운동하다
エイ（A）　에이
映画　영화
映画館　영화관
英語　영어
ええ　네
駅　역
～円　엔
演技　연기
鉛筆　연필
お会いできて嬉しいです　만나서 반갑습니다
おいしい　맛있다
お祝い　축하
多い　많다
大きい　크다
大阪〈地名〉　오사카
お母さん　어머니
お菓子　과자
起きる　일어나다
贈り物　선물
送る　보내다
おじいさん　할아버지
おじさん　아저씨
遅く　늦게
オタマジャクシ　올챙이
お茶　차
お父さん　아버지
弟　남동생, 동생
おばあさん　할머니
お弁当　도시락
覚える　외우다
おめでとうございます　축하합니다
面白い　재미있다
主に　주로
お休みになる　주무시다
終わる　끝나다
音楽　음악

か

～が　－가/이
～が〈尊敬〉　－께서
～回　번
外国　외국
外国語　외국어
会社員　회사원
買う　사다
飼う　키우다
カエル　개구리
かかる　걸리다
書く　쓰다
学生　학생
学生食堂　학생 식당
学問　학문
かける　걸다
歌手　가수
風邪　감기
風邪を引く　감기에 걸리다
数える　세다
家族　가족
方　분
～月　월
カッコいい　멋있다
学校　학교
家庭の月　가정의 달
必ず　꼭
かばん　가방
髪　머리
通う　다니다
火曜日　화요일
～から〈時間・順序〉　－부터
～から〈場所〉　－에서
カラオケ　노래방
体　몸
カレー　카레

カレーライス　카레라이스
かわいい　예쁘다
かわいいです　예뻐요
代わりに　대신
韓国　한국
韓国語　한국어
韓国人　한국 사람
韓国料理　한국 요리
観賞　감상
元旦　설날
江南駅　강남역
韓日　한일
韓服　한복
聞く　듣다
きっかけ　계기
記念日　기념일
昨日　어제
キムチ　김치
着物　기모노
キャベツ　양배추
九　구
休日　휴일
九十　아흔
牛乳　우유
きゅうり　오이
今日　오늘
教科書　교과서
教室　교실
教師の日　스승의 날
京都〈地名〉　교토
慶州〈地名〉　경주
嫌いだ　싫어하다
嫌いです　싫어해요
嫌う　싫어하다
着る　입다
綺麗だ　예쁘다
近所　근처
緊張する　긴장되다
金曜日　금요일
九月　구월
靴　구두
国　나라
くまなく　샅샅이
くらい　정도
暮らす　살다
クリスマス　크리스마스
来る　오다
車　차
くれる　주다
警察官　경찰관
ケイポップ (K-POP)　케이팝
ケーキ　케이크
ケーブルカー　케이블카
ゲーム　게임
景色　경치
消しゴム　지우개
結構です　괜찮아요
結婚　결혼
月曜日　월요일
剣道　검도
見物する　구경하다
～個　개
五　오
子犬　강아지
～号　호
公園　공원
合格　합격
高校　고등학교
高校生　고등학생
後輩　후배
コーヒー　커피
コーラ　콜라
氷　얼음
五月　오월
国内　국내
ここ　여기
午後　오후
九つ　아홉

心　마음
五十　쉰
午前　오전
ごちそうさまでした　잘 먹었습니다
子供　아이, 애
子供の日　어린이날
この　이
好む　좋아하다
ご飯　밥
ごみ　쓰레기
ごめん　미안해
これ　이것, 이거
頃　－쯤
コンサート　콘서트
今週末　이번 주말
今度の　이번
こんにちは　안녕하세요?, 안녕하십니까?
こんにちは〈タメ語〉　안녕?
コンビニ　편의점
コンピュータ　컴퓨터

さ

サークル　동아리
～歳(才)　살
最近　요즘
最高　최고
財布　지갑
探す　찾다
魚　생선
咲く　피다
～冊　권
雑誌　잡지
(去って行く人に対して)さようなら　안녕히 가세요
(留まる人に対して)さようなら　안녕히 계세요
さようなら〈タメ語〉　안녕
サラダ　샐러드
～さん　씨
三　삼
三月　삼월
三十　서른
散歩　산책
散歩する　산책하다
～氏　씨
四　사
～時　시
辞意　사의
ジーパン　청바지
しかし　그러나
四月　사월
～時間、時間　시간
しきりに　자꾸
試験　시험
～時限　교시
辞書　사전
下　아래
時代劇　사극
七　칠
七月　칠월
室内　실내
質問　질문
自転車　자전거
品川〈地名〉　시나가와
渋谷〈地名〉　시부야
閉まる　닫히다
じゃ　그럼
社会学　사회학
社会学科　사회학과
写真　사진
写真を撮ること　사진 찍기
十　십
十一月　십일월
十月　시월
ジュース　주스
十二月　십이월
週末　주말
十六　십육
授業　수업
宿題　숙제

準備する　준비하다
紹介　소개
上手だ　잘하다
小説　소설
食事　식사
食事する　식사하다
食堂　식당
女性　여자
しょっちゅう　자주
ショッピング　쇼핑
書店　서점
資料　자료
知る　알다
新幹線　신칸센
新宿〈地名〉　신주쿠
人生　삶
親切だ　친절하다
新聞　신문
すいか　수박
水曜日　수요일
好き　좋아
好きだ　좋아하다
好きです　좋아해요
すぐ　곧
すぐに　곧
少し　조금
素晴らしい　멋있다
スプーン　숟가락
スポーツジム　헬스클럽
スマートフォン　스마트폰
住む　살다
する　하다
スンドゥブチゲ　순두부찌개
正門　정문
ぜひ　꼭
狭い　좁다
ゼロ　제로, 영, 공
千　천
先月　지난달
専攻　전공
専攻する　전공하다
先週末　지난 주말
先生　선생님
先輩　선배
そうです　맞아요
そうですか　그래요?
そうなんだ　그렇구나
ソウル〈地名〉　서울
ソウル駅　서울역
そこ　거기
そして　그리고
外　밖
その　그
その通りです　맞아요
そのように　그렇게
祖父　할아버지
祖母　할머니
雪岳山〈山名〉　설악산
それ　그것, 그거
それで　그래서
それほど　그다지
そんなに　그렇게

た

〜だ　－이다
大学　대학교
大学生　대학생
大丈夫だ　괜찮다
大丈夫です　괜찮아요
態度　태도
タイトル　제목
代表　대표
題目　제목
太陽の光　햇볕
高い　높다
（値段が）高い　비싸다
高尾山〈山名〉　다카오산
たくさん　많이

宅配　택배
～だけ　－만
出す　내다
～たち　－들
立つ　서다
建物　건물
楽しい　재미있다
楽しみだ　기대가 되다
たぶん　아마
食べる　먹다
たまに　가끔
～たらよい　－았/었으면 좋겠다
誰　누구
誰が　누가
単語　단어
誕生日　생일
探訪　탐방
知恵　지혜
近く　근처
チケット　티켓
父　아버지
チャプチェ　잡채
注意　주의
昼食　점심
朝食　아침
直行　직행
月　달
机　책상
作る　만들다
つける　켜다
つらい　힘들다
手　손
～で〈場所〉　－에서
～で〈手段・方法〉　－로/으로
程度　정도
手紙　편지
できない　못하다
～できない　못
～です　－입니다, －예요/이에요
～ですか　－입니까?, －예요/이에요?
では　그럼
～ではない　(－가/이) 아니다
出る　나오다
テレビ　티브이(TV)
天気　날씨
電車　전철
展覧会　전람회
電話　전화
～と　－와/과, －하고, －랑/이랑
どういたしまして　천만에요
動画　동영상
唐辛子　고추
東京〈地名〉　도쿄
どうでしたか　어땠어요?
豆腐　두부
動物　동물
十(とお)　열
遠い　멀다
特に　특히
時計　시계
どこ　어디
ところで　그런데, 근데
登山する　등산하다
図書館　도서관
どちら　어디
トッポッキ　떡볶이
とても　너무, 아주, 참
どの　어느
～と申します　－(이)라고 합니다
友達　친구
土曜日　토요일
ドラマ　드라마
撮る　찍다
取る　찾다
どれ　어느 것, 어느 거
どれくらい　얼마나
ドレス　드레스
どんな　어떤

な

ない　없다
～ない　안～, －지 않다
中　안
長い　길다
泣く　울다
なぜ　왜
なぜですか　왜요?
納豆　낫토
七　일곱
七十　일흔
七つ　일곱
何　무엇, 뭐
何を　뭘, 뭐
～なので〈体言〉　－(이)라서
鍋物　찌개
名前　이름
習う　배우다
なる　되다
何(+助数詞)　몇
何日　며칠
何年生まれ　몇 년생
何の　무슨
何曜日　무슨 요일
二　이
～に〈場所・もの・時間〉　－에
～に〈人・動物〉　－에게, －한테
～に〈尊敬〉　－께
二月　이월
肉　고기
二十　스물
二十の　스무
偽物　가짜
～日　일
日曜日　일요일
日本　일본
日本語　일본어
日本人　일본 사람
入学　입학
鶏　닭
～人　명
にんじん　당근
ねぎのチヂミ　파전
猫　고양이
値段　값
寝る　자다
～年　년
～年生　학년
～の　－의
ノート　공책
飲む　마시다
登る　올라가다
乗る　타다

は

～は　－는/은
～は〈尊敬〉　－께서는
はい　네, 예
～杯　잔
売店　매점
俳優　배우
ハサミ　가위
箸　젓가락
始まる　시작되다
初めて　처음
バス　버스
八　팔
八月　팔월
八十　여든
発音　발음
パッチム　받침
花　꽃
鼻　코
話　얘기
話す　말하다, 얘기하다
花びら　꽃잎
母　어머니

早く　빨리, 일찍
パリ〈地名〉　파리
春　봄
半　반
～番　번
パン　빵
ハングル　한글
ハングルの日　한글날
番号　번호
韓流　한류
ピアノ　피아노
ビーティーエス(BTS)　방탄소년단
ヒーリング(Healing)　힐링
～匹　마리
引き戸　미닫이
(風邪を)引く　걸리다
弾く　치다
久しぶり　오랜만
人　사람
一口　한입
一つ　하나
一つの　한
一人で　혼자서
日の出　해돋이
ビビンバ　비빔밥
百　백
～秒　초
昼　점심
広島〈地名〉　히로시마
服　옷
福岡〈地名〉　후쿠오카
釜山〈地名〉　부산
富士山〈山名〉　후지산
豚　돼지
舞台　무대
二つ　둘
二つの　두
豚肉　돼지고기
普段　보통
普通　보통
筆箱　필통
ぶどう　포도
踏む　밟다
冬　겨울
冬休み　겨울 방학
降る　내리다, 오다
プルコギ　불고기
プレゼント　선물
～分　분
文化　문화
～へ　-로/으로
平日　평일
下手だ　못하다
ベッド　침대
別々に　따로
部屋　방
勉強　공부
勉強する　공부하다
返事　답장
帽子　모자
ボールペン　볼펜
ポップコーン　팝콘
ボランティア　자원봉사
本　책
本当に　진짜, 참
本物　진짜

ま

毎日　매일
～枚　장
前　앞
また　또
まだ　아직
待つ　기다리다
～まで　-까지
窓　창문
万　만
みかん　귤

水　물
三つ　셋
三つの　세
耳　귀
ミュージカル　뮤지컬
未来大学　미라이대학교
見る　보다
昔　옛날
難しい　어렵다
娘　딸
六つ　여섯
無料　무료
メール　메일
メガネ　안경
召し上がる　드시다, 잡수시다
メモ　메모
～も　－도
申し訳ありません　죄송합니다
毛布　담요
木曜日　목요일
もの　것
桃　복숭아
模様　무늬
もらう　받다

や

野外　야외
野球　야구
約束　약속
野菜　야채
安い　싸다
休み（学校の長期休み）　방학
八つ　여덟
友愛　우애
優雅　우아
夕方　저녁
夕食　저녁
ユーチューブ（YouTube）　유튜브
郵便物　우편물
雪　눈
良い　좋다
良いとも　좋지
用意する　준비하다
曜日　요일
よく　잘
横浜〈地名〉　요코하마
四つ　넷
四つの　네
読みます　읽어요
読む　읽다
夜　밤
四　사
四十　마흔

ら

ラーメン　라면
来年　내년
ライン（LINE）　라인
ラジオ　라디오
留学　유학
留学生　유학생
量　양
両親　부모님
両親の日　어버이날
料理　요리
料理する　요리하다
旅行　여행
りんご　사과
零（0）　영, 공, 제로
礼儀　예의
歴史　역사
連絡　연락
六　육
六月　유월
六十　예순
ロケ地　촬영지
ロンドン〈地名〉　런던

わ

ワイファイ (Wi-Fi)　와이파이
我が家　우리 집
分かる　알다
私　저, 나
私たち　우리
私の　제
私は　전
笑う　웃다
〜を　-를/을

朝鮮半島の地図

ロシア
러시아
中国
중국
羅先
라선
白頭山
백두산
2750m
清津 청진
恵山 혜산
咸鏡北道
함경북도
両江道
양강도
江界
강계
慈江道
자강도
朝鮮民主主義人民共和国（北朝鮮）
조선민주주의인민공화국(북한)
新義州
신의주
平安北道
평안북도
咸鏡南道
함경남도
咸興
함흥
平安南道
평안남도
平城
평성
平壌
평양
元山
원산
南浦
남포
金剛山
금강산
1638m
沙里院
사리원
黄海北道
황해북도
江原道
강원도
黄海南道
황해남도
開城
개성
束草
속초
雪嶽山
설악산
1708m
海州
해주
春川
춘천
江陵
강릉
京畿道
경기도
江華島
강화도
平昌
평창
ソウル
서울
仁川
인천
江原道
강원도
水原
수원
大韓民国（韓国）
대한민국(한국)
忠清北道
충청북도
忠清南道
충청남도
清州청주
安東
안동
大田대전
公州공주
慶尚北道
경상북도
扶余 부여
群山
浦項
포항
全州
전주
大邱
대구
慶州
경주
全羅北道
전라북도
蔚山
울산
智異山
지리산
1915m
慶尚南道
경상남도
昌原
창원
釜山
부산
光州
광주
務安
木浦
목포
全羅南道
전라남도
麗水
여수
珍島
진도
漢拏山
한라산
1950m
済州
제주
済州道
제주도

反切表

母音字母 / 子音字母	ㅏ [a]	ㅑ [ja]	ㅓ [ɔ]	ㅕ [jɔ]	ㅗ [o]	ㅛ [jo]	ㅜ [u]	ㅠ [ju]	ㅡ [ɯ]	ㅣ [i]
ㄱ [k]	가	갸	거	겨	고	교	구	규	그	기
ㄴ [n]	나	냐	너	녀	노	뇨	누	뉴	느	니
ㄷ [t]	다	댜	더	뎌	도	됴	두	듀	드	디
ㄹ [r]	라	랴	러	려	로	료	루	류	르	리
ㅁ [m]	마	먀	머	며	모	묘	무	뮤	므	미
ㅂ [p]	바	뱌	버	벼	보	뵤	부	뷰	브	비
ㅅ [s], [ʃ]	사	샤	서	셔	소	쇼	수	슈	스	시
ㅇ [Ø]	아	야	어	여	오	요	우	유	으	이
ㅈ [tʃ]	자	쟈	저	져	조	죠	주	쥬	즈	지
ㅊ [tʃʰ]	차	챠	처	쳐	초	쵸	추	츄	츠	치
ㅋ [kʰ]	카	캬	커	켜	코	쿄	쿠	큐	크	키
ㅌ [tʰ]	타	탸	터	텨	토	툐	투	튜	트	티
ㅍ [pʰ]	파	퍄	퍼	펴	포	표	푸	퓨	프	피
ㅎ [h]	하	햐	허	혀	호	효	후	휴	흐	히
ㄲ [ˀk]	까	꺄	꺼	껴	꼬	꾜	꾸	규	끄	끼
ㄸ [ˀt]	따	땨	떠	뗘	또	뚀	뚜	뜌	뜨	띠
ㅃ [ˀp]	빠	뺘	뻐	뼈	뽀	뾰	뿌	쀼	쁘	삐
ㅆ [ˀs, ˀʃ]	싸	쌰	써	쎠	쏘	쑈	쑤	쓔	쓰	씨
ㅉ [ˀtʃ]	짜	쨔	쩌	쪄	쪼	쬬	쭈	쮸	쯔	찌

著者紹介

金　庚芬（きむ　きょんぶん）
明星大学教育学部教育学科教授

丁　仁京（ちょん　いんぎょん）
福岡大学共通教育センター外国語講師

チンチャ！チョアヘヨ!! 韓国語 1

検印廃止

© 2018 年 1 月 30 日　初 版 発 行
2023 年 1 月 30 日　改訂初版発行

著　者　金 庚 芬
丁 仁 京

発行者　小川　洋一郎

発行所　株式会社　朝 日 出 版 社
101-0065 東京都千代田区西神田 3 － 3 － 5
電話（03）3239-0271・72（直通）
振替口座　東京　00140-2-46008
http://www.asahipress.com/
倉敷印刷

乱丁，落丁本はお取り替えいたします
ISBN978-4-255-55702-1 C1087